JN078652

令和6年版

人権教育・啓発白書

令和5年度人権教育及び人権啓発施策

法務省・文部科学省

人権教育・啓発白書の刊行に当たって

法務大臣

小泉龍司

文部科学大臣

盛山正仁

　昨年は、新型コロナウイルス感染症の感染症法上の位置づけが５類感染症となり、陽性者や濃厚接触者の外出自粛などの行動制限がなくなりました。

　コロナ禍においても、いじめや児童虐待等のこどもの人権問題、インターネット上の人権侵害、障害のある人や外国人、アイヌの人々、性的マイノリティ等に対する不当な差別や偏見、部落差別（同和問題）、ハンセン病問題といった多様な人権問題が依然として存在しておりましたが、今後、人と人との接触の増加に伴い、先ほど述べた人権問題がより一層顕在化してくることが懸念されます。

　そのため、全ての人々がお互いの人権と尊厳を大切にし、生き生きとした人生を享受できる共生社会を実現するには、様々な人権問題について、自分以外の「誰か」のことではなく、自分自身のこととして捉え、考える意識を広く社会に根付かせることが重要です。そのような観点から、人権教育及び人権啓発に関する施策が果たすべき役割は非常に大きいと言えます。

　政府は、平成14年３月に策定した「人権教育・啓発に関する基本計画」（平成23年４月一部変更。以下「基本計画」といいます。）に基づき、学校、地域、家庭、職場その他の様々な場を通じて、国民の一人一人が人権に関する正しい知識と日常生活の中で生かされるような人権感覚を身に付けることができるよう、各種人権教育及び人権啓発に関する施策に取り組んでまいり

ました。今後も、関係府省庁が横断的に連携しながら、受け手の行動変容につながる効果的な人権教育及び人権啓発に関する施策を推進してまいります。

　本白書は、「人権教育及び人権啓発の推進に関する法律」に基づく年次報告であり、政府が令和５年度に講じた人権教育及び人権啓発に関する施策について取りまとめたものです。基本計画に明示的に掲げられている人権課題はもとより、令和５年度啓発活動強調事項に掲げた人権課題に対する取組についても掲載しています。また、現代的課題として５つのトピックス「地域と学校が連携・協働した人権教育に向けた取組」、「こども・若者の性被害防止に向けた取組」、「障害者関係の法改正の動向」、「『ビジネスと人権』に関する我が国の取組」及び「職場におけるハラスメント防止対策の推進」を掲載するとともに、特集として「こども・若者の人権をめぐる取組」を取り上げています。

　本白書により、人権教育及び人権啓発に関する施策の状況について多くの方々に御理解いただくとともに、人権について一層理解を深め、人権を尊重した行動をとるきっかけにしていただければ幸いです。

令和６年６月

目　　次

はじめに

はじめに

　我が国においては、基本的人権の尊重を基本理念の一つとする「日本国憲法」（以下「憲法」という。）の下で、国政の全般にわたり、人権に関する諸制度の整備や諸施策の推進が図られてきた。それは、憲法のみならず、戦後、国際連合（以下「国連」という。）において作成され、現在、我が国が締結している人権諸条約等の国際準則にものっとって行われている。また、我が国では、長年にわたり、国、地方公共団体と人権擁護委員を始めとする民間のボランティアとが一体となって、地域に密着した地道な人権擁護活動を積み重ねてきた。その成果もあって、人権尊重の理念が広く国民に浸透し、基本的には人権を尊重する社会が築かれているということができる。

　一方で、人権課題の生起がやむことはなく、令和5年度においては、近年の急速な情報通信技術の進展に伴うインターネット上の人権侵害や、こどもの人権問題等が関心を集めることとなった。

　法務省の人権擁護機関では、「人権侵犯事件調査処理規程」（平成16年法務省訓令第2号）に基づき、人権侵害を受けた者からの申告等を端緒に人権侵害による被害者の救済に努めているところ、令和5年に法務省の人権擁護機関が新規に救済手続を開始した人権侵犯事件数は8,962件である。これを類型別に見ると、プライバシー関係事案が1,554件（17.3％）と最も多く、次いで、労働権関係事案が1,487件（16.6％）、学校におけるいじめ事案が1,185件（13.2％）、暴行・虐待事案が1,115件（12.4％）、強制・強要事案が948件（10.6％）などとなっている（資-28頁参照）。

　特に、こどもの人権に関しては、文部科学省が行った令和4年度「児童生徒の問題行動・不登校等生徒指導上の諸課題に関する調査」によれば、小・中・高等学校における、暴力行為の発生件数は9万5,426件と依然として憂慮すべき状況が見られ、また、「いじめ防止対策推進法」（平成25年法律第71号）第28条第1項に規定する「重大事態」の件数は923件と、いじめによる重大な被害が生じた事案も引き続き発生しているなど、教育上の大きな課題となっている。さらに、全国の児童相談所における児童虐待に関する相談対応件数は令和4年度には21万9,170件（速報値）と、これまでで最多の件数となっている。

　このような状況を踏まえ、政府では、関係府省庁間の連携を図りながら、国民に対する人権教育・啓発活動を更に推進している。

　本書は、令和5年度に各府省庁が取り組んだ人権教育・啓発の施策を「人権教育及び人権啓発施策」として取りまとめ、国会に報告するものである。

第1章

人権一般の普遍的な視点からの取組

1　人権教育

　人権教育とは、「人権尊重の精神の涵養を目的とする教育活動」（「人権教育及び人権啓発の推進に関する法律」（平成12年法律第147号。以下「人権教育・啓発推進法」という。）第2条）であり、生涯学習の視点に立って、幼児期からの発達段階を踏まえ、地域の実情等に応じて、学校教育と社会教育とが相互に連携を図りつつ実施している。

⑴　学校教育

ア　人権教育の推進

　　文部科学省では、人権教育・啓発推進法及び「人権教育・啓発に関する基本計画」（平成14年閣議決定、平成23年一部変更）を踏まえ、学校教育における人権教育に関する指導方法等について検討を行い、平成16年6月に「人権教育の指導方法等の在り方について［第1次とりまとめ］」、平成18年1月に同［第2次とりまとめ］、平成20年3月に同［第3次とりまとめ］を公表した。令和3年3月には、同［第3次とりまとめ］策定後の社会情勢の変化を踏まえ、同［第3次とりまとめ］を補足する参考資料を作成し、令和6年3月には、令和5年度1年間の動向等を踏まえ、「こども大綱」（令和5年12月22日閣議決定）などこどもの人権に係る動向、ハンセン病問題に係る動向、「性的指向及びジェンダーアイデンティティの多様性に関する国民の理解の増進に関する法律」（令和5年法律第68号）の制定に係る内容等を追記した。文部科学省では、この同［第3次とりまとめ］などを全国の教育委員会や学校等に配布するなど、人権教育の指導方法等の在り方についての調査研究の成果普及に努めている。

　　また、平成23年度から、各都道府県教育委員会を通じ、学校における人権教育の特色ある実践事例を収集、公表しており、人権教育の理解促進を図るための動画や、各都道府県教育委員会等における人権教育指導資料の作成状況を一覧化した資料とともに文部科学省ホームページ等に掲載している。

　　さらに、平成22年度から毎年、各都道府県教育委員会等の人権教育担当者を対象とした「人権教育担当指導主事連絡協議会」を開催し、人権教育の推進に関する情報交換や協議を行うとともに、独立行政法人教職員支援機構が実施する「人権教育推進研修」において、人権教育に関し、各地域において研修の講師等としての活動や各学校の指導・助言等を行うことのできる指導者の養成を図っている。

　　このほか、学校、家庭、地域社会が一体となった総合的な取組や、学校における人権教育の指導方法の改善充実について実践的な研究を委嘱する「人権教育研究推進事業」、学校における人権教育の在り方等について調査研究を行う「学校における人権教育の在り方等に関する調査研究」等を実施し、人権教育の推進に努めている。

イ　道徳教育の推進

　　文部科学省では、「特別の教科　道徳」を要とする道徳教育の充実を図っており、例

えば、誰に対しても差別や偏見を持たず、公正、公平にすることや、法やきまりを守り、自他の権利を大切にすること等、人権教育にも資する指導を行うこととしている。

　また、学校・地域の実情等に応じた多様な道徳教育を支援するため、全国的な事例収集と情報提供、特色ある道徳教育や教材活用等、地方公共団体への支援を行っている。

　さらに、幼児期における教育は、生涯にわたる人格形成の基礎を培う重要な役割を果たすことから、各幼稚園において、道徳性の芽生えを培う指導の充実が図られるように努めている。

ウ　地域や学校における奉仕活動・体験活動の推進

　こどもの社会性や豊かな人間性を育む観点から、机上の知育だけではなく、具体的な体験や事物との関わりを通じた様々な体験活動を積極的に推進することは極めて重要なことである。文部科学省では、豊かな人間性や社会性を育むために、児童生徒の健全育成を目的とした様々な創意工夫のある長期宿泊体験の取組として「健全育成のための体験活動推進事業」を実施している。

エ　教師の資質向上等

　教師の資質能力については、養成・採用・研修の各段階を通じてその向上を図っており、各都道府県教育委員会等が実施している教諭等に対する初任者研修や中堅教諭等資質向上研修等では、人権教育に関する内容が扱われるなど、人権尊重意識を高めるための取組を行っている。

トピックス

地域と学校が連携・協働した人権教育に向けた取組

(1)　地域と学校の連携・協働のための仕組み

　こどもたちを取り巻く様々な課題や地域の課題の解決のためには、学校と家庭、地域の連携・協働を進めていくことが必要であり、近年その重要性がますます高まっています。

　こうしたことを踏まえ、文部科学省では、「地方教育行政の組織及び運営に関する法律」（昭和31年法律第162号）に基づき、保護者や地域住民等が学校運営に参画する「コミュニティ・スクール（学校運営協議会制度)」と、「社会教育法」（昭和24年法律第207号）に基づき、地域住民等の多様な主体の参画を得て様々な活動を行う「地域学校協働活動」を一体的に推進しています。

　コミュニティ・スクールは、学習指導要領の理念である「社会に開かれた教育課程」の実現、学校の働き方改革や不登校対策、地域防災の推進など、学校や地域を取り巻く課題解決のプラットフォームとなり得るものであり、今後の学校運営に欠かすことのできない仕組みです。「第4期教育振興基本計画」では、「全ての公立学校に地域と

連携・協働する体制を構築するため、コミュニティ・スクールと地域学校協働活動の一体的な取組を一層推進する」こととしています。

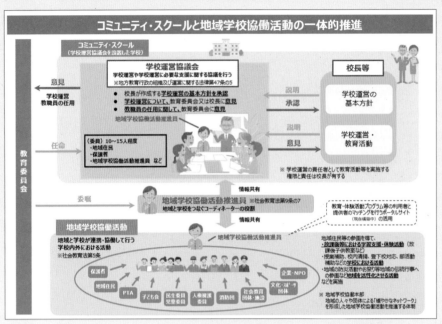

コミュニティ・スクールと地域学校協働活動の一体的推進の概要図

(2)　地域と学校の連携・協働の現状

　コミュニティ・スクールの導入校数・導入率は近年飛躍的に伸びており、令和5年5月現在、全国の公立学校のうち1万8,135校、率にして52.3％と半数を超えました。また、地域学校協働活動を推進する体制である地域学校協働本部が整備されている学校数は、2万1,144校（61.0％）となっています。

　文部科学省では、更なる導入の加速とともに、地域学校協働活動との一体的な取組を始め導入後の取組の質的向上を図り、地域と学校の連携・協働を一層推進するため、全国フォーラム等の開催や、コミュニティ・スクールと多様な地域関係者とをつなぐ地域学校協働活動推進員等の配置促進等の取組を行っています。

(3)　コミュニティ・スクールや地域学校協働活動への人権擁護委員の参画

　こうしたコミュニティ・スクールや地域学校協働活動の仕組みを活用し、学校や地域の課題に応じた学校運営協議会の委員の人選を行うことなどにより学校や地域の課題に応じた協議を行ったり、協議した内容に基づいて関係者が連携・協働して地域学校協働活動を行ったりするなど、学校や地域の実情に応じた様々な取組が行われています。

　法務省の人権擁護機関では、地域に根ざした人権擁護活動を行っている人権擁護委員のコミュニティ・スクールへの参画や地域学校協働活動における人権啓発の取組等、学校と地域が連携・協働した人権教育や人権課題の解決に向けた取組への積極的な関与を推進することとしています（人権擁護委員は6頁参照）。

⑵ 社会教育

　社会教育においては、生涯にわたる学習活動を通じて、人権尊重の精神を基本に置いた事業を展開している。

　文部科学省では、社会教育において中核的な役割を担う社会教育主事の養成講習や、現職の社会教育主事を対象にした研修において、人権問題等の現代的課題を取り上げ、指導者の育成及び資質の向上を図っており、公民館等の社会教育施設を中心に学級・講座が開設され、世代の異なる人たちや障害のある人、外国人等との交流活動等、人権に関する多様な学習機会が提供されている。

　また、地方公共団体の社会教育担当者等を集めた各種会議等の機会を通じ、「本邦外出身者に対する不当な差別的言動の解消に向けた取組の推進に関する法律」（平成28年法律第68号。以下「ヘイトスピーチ解消法」という。）、「部落差別の解消の推進に関する法律」（平成28年法律第109号。以下「部落差別解消推進法」という。）等に関する法の趣旨や性的マイノリティ、ハンセン病患者・元患者やその家族に対する偏見や差別の解消のための適切な教育の実施に関する周知等を図り、各地域の実情に即した人権教育が推進されるよう促している。

▶ 2　人権啓発

　人権啓発とは、「国民の間に人権尊重の理念を普及させ、及びそれに対する国民の理解を深めることを目的とする広報その他の啓発活動（人権教育を除く。）」を意味し、「国民が、その発達段階に応じ、人権尊重の理念に対する理解を深め、これを体得することができるよう」にすることを旨としている（人権教育・啓発推進法第2条、第3条）。

　人権啓発は、広く国民の間に、人権尊重思想の普及高揚を図ることを目的に行われる研修、情報提供、広報活動等のうち人権教育を除くものであるが、その目的とするところは、国民の一人一人が人権を尊重することの重要性を正しく認識し、これを前提として他人の人権にも十分に配慮した行動をとることができるようにすることにある。すなわち、「人権とは何か」、「人権の尊重とはどういうことか」、「人権を侵害された場合に、これを排除し、救済するための制度がどのようになっているか」等について国民が正しい認識を持ち、それらの認識が日常生活の中で、その態度面、行動面等において確実に根付くことによって、人権侵害の生じない社会の実現を図ることが人権啓発の目的である。

(1)　人権啓発の実施主体

　法務省には、人権啓発を担当する国の機関として人権擁護局が、その下部機関として法務局に人権擁護部、地方法務局に人権擁護課がそれぞれ設けられており、また、法務局・地方法務局の下部機関である支局でも人権啓発活動を行っている。加えて、「人権擁護委員法」（昭和24年法律第139号）に基づき、法務大臣が委嘱する人権擁護委員及びその組織体があり、これら全体を「法務省の人権擁護機関」という。

　人権擁護委員は、法務大臣が委嘱した民間のボランティアの方々であり、現在、約1万4,000人が全国の各市町村（特別区を含む。）に配置され、法務局・地方法務局等と連携しながら、人権啓発を含む人権擁護活動を行っている。人権擁護委員制度は、様々な分野の人たちが、地域の中で人権尊重思想を広め、住民の人権が侵害されないよう配慮し、人権を擁護していくことが望ましいという考えから創設されたものであり、諸外国にも例を見ないものである。

　また、法務省以外の関係各府省庁においても、その所掌事務との関連で、人権に関わる各種の啓発活動を行っているほか、地方公共団体や公益法人、民間団体、企業等においても、人権に関わる様々な活動を展開している。

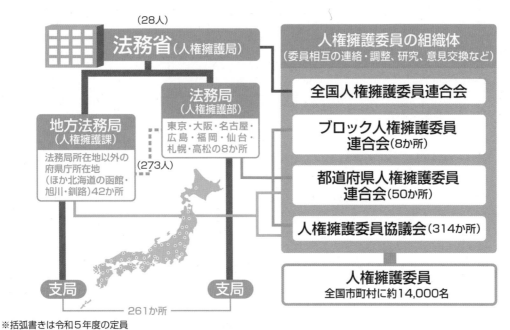

※括弧書きは令和5年度の定員

法務省の人権擁護機関の構成図（令和5年6月1日）

⑵　法務省の人権擁護機関が行う啓発活動

ア　令和5年度啓発活動重点目標

　　法務省の人権擁護機関においては、その時々の社会情勢や人権侵犯事件の動向を勘案して、年度を通じて特に重点的に啓発するテーマを定め、共通の目標の下に組織を挙げて人権啓発活動を展開している。

　　令和5年度は、「『誰か』のこと　じゃない。」を啓発活動重点目標とし、多様な主体が互いに連携し、支え合う共生社会の実現を目指して各種人権啓発活動を展開した。

　　また、次の17の項目を啓発活動の強調事項として掲げ、全国各地において、講演会、シンポジウム等を開催したほか、テレビ・ラジオ等のマスメディアやSNS等のインターネットを活用した人権啓発活動を行った。

① 女性の人権を守ろう

② こどもの人権を守ろう

③ 高齢者の人権を守ろう

④ 障害を理由とする偏見や差別をなくそう

⑤ 部落差別（同和問題）を解消しよう

⑥ アイヌの人々に対する偏見や差別をなくそう

⑦ 外国人の人権を尊重しよう

⑧ 感染症に関連する偏見や差別をなくそう

⑨ ハンセン病患者・元患者やその家族に対する偏見や差別をなくそう

⑩ 刑を終えて出所した人やその家族に対する偏見や差別をなくそう

ポスター
「令和5年度啓発活動重点目標」

⑪　犯罪被害者やその家族の人権に配慮しよう

⑫　インターネット上の人権侵害をなくそう

⑬　北朝鮮当局による人権侵害問題に対する認識を深めよう

⑭　ホームレスに対する偏見や差別をなくそう

⑮　性的マイノリティに関する偏見や差別をなくそう

⑯　人身取引をなくそう

⑰　震災等の災害に起因する偏見や差別をなくそう

イ　第75回人権週間

　令和5年12月4日から10日（世界人権宣言が採択された人権デー）までの1週間を「第75回人権週間」と定め、関係諸機関及び諸団体の協力の下に、世界人権宣言の意義を訴えるとともに、人権尊重思想の普及高揚を呼び掛ける集中的な人権啓発活動を展開した。

　令和5年度は、啓発活動重点目標である「『誰か』のこと　じゃない。」をテーマとして、YouTube法務省チャンネルで配信中の様々な人権問題に関するショートストーリーの動画をデザインに活用して、ポスターや法務省ホームページ、インターネット広告で広報した。

ポスター「第75回人権週間」

ウ　人権擁護委員の日

　人権擁護委員法が施行された6月1日を「人権擁護委員の日」と定め、国民に人権擁護委員制度の周知を図るとともに、人権尊重思想の普及高揚に努めている。

　令和5年度においても、新聞、広報誌、テレビ番組やラジオ番組において人権擁護委員の活動について紹介するなど、マスメディアを活用して人権擁護委員制度等の広報に積極的に努めたほか、6月1日を中心に、全国2,482か所において、全国一斉に人権擁護委員の日特設人権相談所を開設した。

ポスター「人権擁護委員制度」

エ　全国中学生人権作文コンテスト

　次代を担う中学生を対象に、人権問題についての作文を書くことによって、人権尊重の重要性や必要性についての理解を深めるとともに豊かな人権感覚を身に付けること、及び入賞作文を国民に周知広報することによって、広く一般に人権尊重意識を根付かせることなどを目的として、例年、「全国中学生人権作文コンテスト」を実施している。

　多くの中学生が、日常の中で見聞きした出来事や体験などを踏まえながら人権につ

いて考察を深めることのできる良い機会となっており、42回目を迎えた令和5年度は、6,494校から、76万1,947編の応募があった。優秀作品については、法務省において令和6年2月に中央大会表彰式等を行ったほか、法務局・地方法務局においても、人権週間を中心として地方大会表彰式を開催し、作文を周知した。中央大会における主な入賞作文は次のとおりである。

内閣総理大臣賞　　兵庫県・加西市立泉中学校3年　小篠　誌織さん
　　　　　　　　　「相手と自分、両者を守る」

法務大臣賞　　　　愛媛県・愛南町立御荘中学校3年　宮本　龍太さん
　　　　　　　　　「大切な命」

文部科学大臣賞　　神奈川県・藤沢市立湘南台中学校3年　寺内　瑞偉さん
　　　　　　　　　「『かわいそう』ではありません」

　これらの作品を含む主な入賞作文については、「第42回全国中学生人権作文コンテスト入賞作文集」として冊子に編集し、中学校、市区町村、図書館等に配布するとともに、法務省ホームページに掲載して、人権啓発の資料として幅広く活用している。

　また、上記の3作品については、世界にも発信することを目的として、英語に翻訳の上、法務省ホームページ（英語版）に掲載した。

第42回全国中学生人権作文コンテスト
中央大会表彰式の様子（小篠誌織さん）

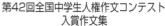

第42回全国中学生人権作文コンテスト
入賞作文集

オ　人権教室

　「人権教室」は、いじめ等について考える機会を作ることによって、相手への思いやりの心や生命の尊さをこどもたちに体得してもらうこと等を目的とし、全国の人権擁護委員が中心となって実施している人権啓発活動である。

　小・中学生等を対象に、「人権の花運動」（11頁参照）における学校訪問や道徳科の授業等を利用して、啓発アニメーション動画や紙芝居・絵本といった、こどもたちが興味を持ちやすいように工夫した教材を活用することにより、人権尊重思想についてこどもたちが理解することができるように努めている。また、近年は、「ビジネスと

人権」に関する国内外の関心の高まり（97頁参照）を背景に、企業研修等において「大人の人権教室」を実施している。

令和5年度は、98万6,672人を対象に行われた。

カ　人権擁護功労賞

人権擁護委員の活動等を通じて、関わりのある企業・法人等の団体及び個人の中から、人権擁護上顕著な功績があったと認められた者に対し、法務大臣又は全国人権擁護委員連合会会長が表彰を行うもので、平成19年度に開始され、令和5年度は17回目の開催となった。

令和5年度の受賞者は、次のとおりである。

法務大臣表彰	落合恵子氏
法務大臣感謝状	株式会社宮崎日日新聞社（宮崎県）
	株式会社茨城新聞社（茨城県）
	株式会社中日新聞社岐阜支社（岐阜県）
	奈良テレビ放送株式会社（奈良県）
	株式会社産業経済新聞社大阪本社（大阪府）
全国人権擁護委員連合会会長感謝状	
	株式会社テレビ和歌山（和歌山県）
	株式会社ベガルタ仙台（宮城県）
	株式会社ブラウブリッツ秋田（秋田県）
	株式会社石川ミリオンスターズ（石川県）

人権擁護功労賞表彰状伝達式の様子（落合恵子氏）

(3)　法務省が公益法人、地方公共団体へ委託して行う啓発活動

ア　公益財団法人人権教育啓発推進センターが行う啓発活動（人権啓発活動中央委託事業）

㋐　公益財団法人人権教育啓発推進センター

公益財団法人人権教育啓発推進センター（以下「人権教育啓発推進センター」という。）は、人権教育・啓発活動の中核となるナショナルセンターとしての役割を

果たすべく、人権に関する総合的な教育・啓発及び広報を行うとともに、人権教育・啓発についての調査、研究等を行っている。

(イ)　令和5年度の啓発活動

① 人権啓発教材の作成
・啓発動画「あなたは大丈夫？考えよう！デートDV」
・啓発動画「あなたは大丈夫？考えよう！いじめ」
・啓発動画「あなたは大丈夫？考えよう！児童虐待」

② 人権シンポジウム等の開催
・～ハンセン病問題を次世代に伝える～「親と子のシンポジウム」（73頁参照）
・共生社会と人権に関するシンポジウム～多様性と包摂性のある社会を目指して～（41、59頁参照）

③ 「人権に関する国家公務員等研修会」の開催（106～107頁参照）

④ 地方公共団体等の人権啓発行政に携わる職員を対象とした「人権啓発指導者養成研修会」の実施（107頁参照）

⑤ 人権週間を中心とした人権尊重思想の普及高揚を目的とする全国規模での広報の実施

⑥ 「人権ライブラリー」（ホームページhttps://www.jinken-library.jp/）の運営等

イ　地方公共団体が行う啓発活動（人権啓発活動地方委託事業）

(ア)　人権啓発活動地方委託事業

人権啓発活動地方委託事業（以下「地方委託事業」という。）は、都道府県及び政令指定都市等を委託先とし、あらゆる人権課題を対象とした幅広い人権啓発活動を委託する事業であり、講演会、研修会、資料作成、スポットCM、新聞広告、地域総合情報誌広告等を実施している。

(イ)　地域人権啓発活動活性化事業

法務省の人権擁護機関、都道府県、市区町村等の人権啓発活動を実施する主体間の横断的なネットワークである「人権啓発活動ネットワーク協議会」（111頁参照）との連携の下に実施される地方委託事業を、「地域人権啓発活動活性化事業」と称している。令和5年度は、同事業として、人権の花運動（注）、スポーツ組織と連携・協力した啓発活動（111頁参照）、地域の民間団体と連携した人権ユニバーサル事業等、地域に密着した多種多様な人権啓発活動を実施した。

（注）　人権の花運動は、児童が協力して花の種子や球根等を育てることによって、生命の尊さを実感し、その中で、豊かな心を育み、優しさと思いやりの心を体得することを目的に、全国の人権擁護委員が中心となって実施している、主に小学生を対象とした人権啓発活動である。この活動では、児童が育てた花を保護者や社会福祉施設に届けるなどすることで、一層の人権尊重思想の普及高揚を図っている。
　　　令和5年度は、3,903校の学校等において、41万6,564人を対象に行われた。

⑷　中小企業・小規模事業者等に対する啓発活動

　経済産業省では、令和5年度は、企業活動における様々な人権問題等に関するセミナーやシンポジウムを全国で開催し、中小企業・小規模事業者等に対して人権意識の涵養を図った（開催回数：84回、参加・視聴数：1万6,608人）。

　また、併せて、企業の社会的責任に係る啓発活動の参考となるべきパンフレットを企業等に配布した。

パンフレット
「令和5年度CSR（企業の社会的責任）と人権」

⑸　国際的な取組に関する啓発活動

　例年、外務省では、国際場裡においてフォーラム等への登壇や国際機関への拠出等を通じて、国際的な人権課題の啓発を行っている。

　令和5年度においては、カンボジア、バングラデシュ、ベトナムにおいて現地に進出する日本企業に対する「ガイドライン」を含む「ビジネスと人権」に関する我が国の取組の紹介・啓発を行った。また、国際機関への拠出を通じた人権デュー・ディリジェンス導入促進支援事業や各種フォーラムへの登壇等を通じ、国際機関とも連携して「ビジネスと人権」に係る取組の啓発に努めている。

第2章

人権課題に対する取組

1　女性

　男女平等の理念は、憲法に明記されており、法制上も「雇用の分野における男女の均等な機会及び待遇の確保等に関する法律」（昭和47年法律第113号。以下「男女雇用機会均等法」という。）等において、男女平等の原則が確立されている。しかし、現実には今なお、男女の役割を固定的に捉える意識が社会に根強く残っており、家庭や職場において様々な男女差別が生じている。

　また、性犯罪・性暴力、配偶者等からの暴力、職場等におけるセクシュアルハラスメントや妊娠・出産等を理由とする不利益取扱い等の問題も依然として多く発生している。

　我が国が締約国となっている「女子に対するあらゆる形態の差別の撤廃に関する条約」（昭和60年条約第7号。以下「女子差別撤廃条約」という。）は、男女の完全な平等の達成に貢献することを目的として、女子に対するあらゆる差別を撤廃することを基本理念とし、締約国に対し、政治的及び公的活動並びに経済的及び社会的活動における差別の撤廃のために適切な措置をとることを求めている。

　国内においては、「女性の職業生活における活躍の推進に関する法律」（平成27年法律第64号。以下「女性活躍推進法」という。）に基づき、国、地方公共団体及び常時雇用する労働者の数が101人以上の民間企業等の事業主は、女性の活躍状況の把握・課題分析を行った上で、数値目標を掲げた行動計画を策定し、策定した行動計画及び女性の活躍状況に関する情報の公表等を行うこととされている。令和4年には、男女の賃金の差異を新たに情報公表項目として位置づけ、国、地方公共団体及び常時雇用する労働者の数が301人以上の民間企業等の事業主は、当該項目を必須で公表することとされた。

　また、「男女共同参画社会基本法」（平成11年法律第78号）に基づき、令和2年12月に「第5次男女共同参画基本計画」を閣議決定し、同計画に基づき、あらゆる分野における女性の参画拡大、安全・安心な暮らしの実現、男女共同参画社会の実現に向けた基盤の整備等に取り組んでいる。

　女性に対する暴力等への取組については、同計画等に基づき、性犯罪・性暴力への対策等を推進している。また、配偶者からの暴力の防止及び被害者の保護等については、平成13年に「配偶者からの暴力の防止及び被害者の保護等に関する法律」（平成13年法律第31号）が施行されて以降、同法に基づき施策を推進している。

　法務省の人権擁護機関では、全国の法務局・地方法務局又はその支局や特設の人権相談所において人権相談に応じている。また、これらの相談を通じて配偶者やパートナーからの暴力や職場等におけるセクシュアルハラスメント等の女性に対する人権侵害の疑いのある事案を認知した場合は、人権侵犯事件としての調査を行い、事案に応じた適切な措置を講じている。法務省の人権擁護機関が女性に対する暴行・虐待事案に関して、新規に救済手続を開始した人権侵犯事件の数は、次のとおりである。

人権侵犯事件数（開始件数）	令和元年	令和2年	令和3年	令和4年	令和5年
女性に対する暴行・虐待	947	629	435	430	383

（法務省人権擁護局の資料による）

(1) 男女共同参画の視点に立った様々な社会制度の見直し、広報・啓発活動の推進

ア　内閣府では、行政相談委員及び人権擁護委員並びに都道府県及び政令指定都市担当者を対象に、男女共同参画に関する諸課題について理解を深め、苦情の処理に係る知識・技能の向上を図ることを目的とする苦情処理研修を実施している。

　　また、我が国の男女共同参画に関する取組を広く知らせるため、男女共同参画の総合情報誌「共同参画」を発行しているほか、ホームページ、メールマガジン、SNSを活用して、充実した情報を迅速に提供する体制の整備を図るなど、多様な媒体を通じた広報・啓発活動を推進している。さらに、配偶者からの暴力の被害者支援に役立つ法令、制度及び関係機関についての情報等を収集し、内閣府のホームページを通じ、外国語版も含め提供している。

　　加えて、女性活躍推進法に基づき、国・都道府県・市区町村においては、より実効性の高い行動計画の策定や女性活躍情報の公表等の取組を進めている。内閣府では、策定された行動計画や女性活躍情報を一覧化して掲載した「女性活躍推進法『見える化』サイト」の活用の促進を図っている。また、女性デジタル人材や管理職・役員の育成など女性の参画拡大の推進、様々な課題・困難を抱える女性に寄り添い、意欲と希望に応じて就労までつなげていく支援や相談支援、孤独・孤立で困難や不安を抱える女性が社会との絆・つながりを回復することができるよう、NPO等の知見を活用した相談支援やその一環として行う生理用品の提供等のきめ細かい支援等、地方公共団体が多様な主体による連携体制の構築の下で地域の実情に応じて行う取組を、地域女性活躍推進交付金により支援を行っている。

イ　男女共同参画推進本部決定により、毎年6月23日から29日までの1週間を「男女共同参画週間」としている。令和5年度も例年と同じく、「男女共同参画社会づくりに向けての全国会議」を開催するとともに、「男女共同参画社会づくり功労者内閣総理大臣表彰」及び「女性のチャレンジ賞」等の表彰を実施した。

ウ　厚生労働省では、女性活躍推進法の実効性確保のため、企業等が女性活躍に向けた取組を積極的に実施するよう支援している。また、女性活躍推進法に基づく行動計画及び女性の活躍状況に関する情報の公表先として「女性の活躍推進企業データベース」を運用するとともに、企業や求職者を始めとした利用者の活用を促進するため、本データベースについて利便性の向上を図った。

エ　経済産業省では、「なでしこ銘柄」を通じて女性活躍推進企業の先進事例を発信するとともに、「ダイバーシティ経営」の推進に向けた研修等を実施することにより、

多様な人材の能力を生かすための企業の取組を後押ししている（詳細は「男女共同参画白書」に記載）。

⑵　法令・条約等の周知

ア　内閣府では、国内における男女共同参画社会の実現に向けた取組を行うに当たって、報告会、刊行物や内閣府ホームページ（https://www.gender.go.jp/）を通じ、男女共同参画に関連の深い各種の条約や、国際会議における議論等、男女共同参画・女性活躍のための国際的規範や、基準、取組の指針等の広報に努めている。

令和5年度は、G20女性活躍担当大臣会合、APEC女性と経済フォーラム、我が国で初めて開催したG7男女共同参画・女性活躍担当大臣会合等の国際会議の概要について、内閣府ホームページへの掲載を行った。

イ　外務省では、女子差別撤廃条約関連文書や女性の地位向上に関する会議等の関連文書を、外務省ホームページ（https://www.mofa.go.jp/mofaj/gaiko/women/index.html）に掲載し、広くその内容の周知に努めている。

⑶　女性に対する偏見・差別意識解消を目指した啓発活動

法務省の人権擁護機関では、「女性の人権を守ろう」を強調事項の一つとして掲げ、講演会等の開催、啓発冊子の配布等、各種人権啓発活動を実施している。

令和5年度には、ドメスティックバイオレンス防止をテーマとした啓発動画「あなたは大丈夫？考えよう！デートDV」を作成した。

また、各種ハラスメントなどの職場における各種人権問題について解説した啓発冊子及び啓発動画「企業と人権～職場からつくる人権尊重社会～」のそれぞれについて、法務局・地方法務局での配布や貸出し、YouTube法務省チャンネルでの配信等を行っている。

啓発動画「あなたは大丈夫？考えよう！デートDV」

さらに、様々な人権問題を自分の問題として考えることを呼び掛ける啓発動画「『誰か』のこと　じゃない。（ドメスティックバイオレンス編・セクシュアルハラスメント編）」等をYouTube法務省チャンネルで配信している。

啓発動画「『誰か』のこと　じゃない。」

(4) 男女共同参画を推進する教育・学習、女性の生涯学習機会の充実

　文部科学省では、男女共同参画社会の形成のため、学校教育において、男女共同参画の重要性についての指導が充実するよう、学習指導要領の趣旨の周知を図っている。また、学校現場において、男女の尊重や自分を大事にすることへの理解を深めるための教育を行うとともに、固定的な性別役割分担意識や無意識の思い込みの解消を推進するため、小・中学生を対象にした教材、指導の手引及び保護者向けの啓発資料の活用を促した。さらに、教育委員会や学校等に対し、初任者研修や校内研修等における、固定的な性別役割分担意識や無意識の思い込みを払拭するための教員研修プログラムの活用を促した。

　加えて、学びを通じた女性の社会参画を促進するため、令和２年度から実施している「女性の多様なチャレンジに寄り添う学びと社会参画支援事業」において、多様な年代の女性の社会参画を支援するため、女性教育関係団体、大学、研究者、企業等が連携し、女性が指導的立場に就くに際して必要となる体系的な学習の提供等、女性の多様なチャレンジを総合的に支援するモデルの構築を行った。

　独立行政法人国立女性教育会館は、女性教育の振興を図り、もって男女共同参画社会の形成を目指し、地方公共団体、男女共同参画センター、女性団体等における男女共同参画を推進する研修や専門的な調査研究、情報の収集・提供を行っている。

(5) 職場におけるハラスメント防止対策の推進

　厚生労働省では、女性を含め多様な労働者が活躍できる就業環境を整備するため、職場におけるハラスメント防止対策に取り組んでいる（詳細は100頁参照）。

(6) 農山漁村の女性の地位向上のための啓発等

　女性は、基幹的農業従事者の約４割を占め、農山漁村・農林水産業の担い手として重要な役割を果たしているが、経営への参画や地域の方針決定の場における参画は十分進んでいない状況にある。このため、地域をリードできる女性農林水産業者の育成を支援するとともに、女性の役割を適正に評価し、その能力が発揮されるよう、農山漁村において女性活躍推進のために優れた活動を行っている個人や団体の表彰への支援、「農山漁村女性の日」（毎年３月10日）を中心とした男女共同参画社会の形成に向けた意識啓発を行った。

　また、第５次男女共同参画基本計画に基づき、農業委員や農協役員及び土地改良区の理事への女性参画を推進し、農業委員会において、女性農業委員の割合が令和４年度に12.6％（前年度12.4％）（農林水産省調べ）、農業協同組合において、女性役員の割合が令和５年度に10.6％（前年度9.6％）（一般社団法人全国農業協同組合中央会調べ）、土地改良区の理事に占める女性の割合は、令和４年度に0.8％（前年度0.6％）（農林水産省調べ）に上昇した。さらに、「水産業協同組合法」（昭和23年法律第242号）及び「森林組合法」

（昭和53年法律第36号）において、漁業協同組合及び森林組合の理事について年齢や性別に著しい偏りが生じないよう配慮しなければならない旨が規定されたことを踏まえ、関係者に改正の趣旨を説明・周知するなどして女性の参画を促進した。

(7) 女性の人権問題に関する適切な対応及び啓発の推進

ア　男女共同参画推進本部決定により、毎年11月12日から25日（女性に対する暴力撤廃国際日）までの2週間を「女性に対する暴力をなくす運動」期間とし、同期間中、地方公共団体その他の関係団体との連携・協力の下、社会の意識啓発等、女性に対する暴力に関する取組を一層強化している。

内閣府では、令和5年度の運動においては、「心を傷つけることも暴力です」を主なメッセージとしたポスターを作成し、全国の都道府県、市区町村、関係団体等に協力を呼び掛けるとともに、ポスターやリーフレットの作成・配布、全国各地のランドマーク等におけるパープル・ライトアップの実施、女性に対する暴力根絶のシンボルであるパープルリボンの着用の推進等により、広報活動を実施した。

また、配偶者等からの暴力の被害者を支援するため、最寄りの配偶者暴力相談支援センター等につながるDV相談ナビに全国共通番号「#8008（はれれば）」を導入して、相談窓口の更なる周知を図っている。令和2年4月から、「DV相談プラス」により配偶者等からの暴力の被害者の多様なニーズに対応できるよう、毎日24時間の電話相談、SNS・メール相談、10の外国語での相談の対応を行うとともに、各地域の民間支援団体とも連携し、相談員が必要と判断した場合には、関係機関等への同行支援等も行っている。さらに、相談支援業務に携わる官民の相談員等の関係者を対象としてオンライン研修教材を提供している。

性犯罪・性暴力の被害者支援としては、性犯罪・性暴力被害者のためのワンストップ支援センター（以下「ワンストップ支援センター」という。）について、性犯罪・性暴力被害者支援のための交付金により、24時間365日対応化や拠点となる病院における環境整備等の促進、コーディネーターの配置・常勤化などの地域連携体制の確立、専門性を高めるなどの人材の育成や運営体制の確保、支援員の適切な処遇などの運営の安定化及び質の向上を図っている。また、性犯罪・性暴力被害者が相談しやすい環境を整備するため、ワンストップ支援センターの全国共通番号「#8891（はやくワンストップ）」を周知するとともに、夜間休日には対応していないワンストップ支援センターの運営時間外に、被害者からの相談を受け付け、ワンストップ支援センターと連携して支援する「性暴力被害者のための夜間休日コールセンター」の運営や、若年層等の性暴力被害者が相談しやすいよう、SNS相談「Cure time（キュアタイム）」を実施している。さらに、性犯罪・性暴力被害者等が、安心して必要な相談・支援を受けられる環境を整備するために、ワンストップ支援センターの相談員等を対象としたオンライン研修教材を作成し、提供するとともに、研修を実施した。

　このほか、毎年4月を「若年層の性暴力被害予防月間」と定め、SNS等の若年層に届きやすい広報媒体を活用した啓発活動を実施している。

　また、AV出演被害について、「性をめぐる個人の尊厳が重んぜられる社会の形成に資するために性行為映像制作物への出演に係る被害の防止を図り及び出演者の救済に資するための出演契約等に関する特則等に関する法律」（令和4年法律第78号。以下「AV出演被害防止・救済法」という。）による出演被害の防止及び被害者の救済が適切に図られるよう、ワンストップ支援センター等における被害者への相談支援の充実、SNSの活用等による広報啓発を継続的に実施した。

	平成30年度	令和元年度	令和2年度	令和3年度	令和4年度
配偶者暴力相談支援センターにおける相談件数	114,481	119,276	129,491	122,478	122,211
DV相談プラスにおける相談件数	–	–	52,697	54,489	47,971

（内閣府の資料による。DV相談プラスは令和2年4月開設のため、令和2年度から記載）

ポスター
「女性に対する暴力をなくす運動」

DV相談ナビカード
（表面）

DV相談ナビカード
（裏面）

イ　法務省の人権擁護機関では、専用相談電話「女性の人権ホットライン」（ナビダイヤル0570-070-810（全国共通））を全国の法務局・地方法務局に設置して相談体制の一層の強化を図っている。

　令和5年度は、女性に対する暴力をなくす運動期間中の令和5年11月15日から21日までの1週間を、「全国一斉『女性の人権ホットライン』強化週間」とし、平日の相談受付時間を延長するとともに、土曜日・日曜日も開設し、様々な人権問題に悩む女性からの電話相談に応じた。

　また、配偶者暴力相談支援センター等関係機関との連携を一層強化し、被害の救済及び予防に努めている。

　このほか、令和4年4月の成年年齢引下げに伴い、未成年者取消権の対象ではなくなった者から、AV出演被害を始めとする各種消費者トラブルに巻き込まれたなどの人権相談を受けた場

ポスター
「女性の人権ホットライン」

合には、被害者保護に係る各種法制度を踏まえた助言を行うなど、適切に対応している。

	令和元年	令和2年	令和3年	令和4年	令和5年
女性の人権ホットライン相談件数	17,328	14,324	13,847	12,720	15,142

（法務省人権擁護局の資料による）

ウ　「令和5年におけるストーカー事案及び配偶者からの暴力事案等への対応状況について」（警察庁）によれば、令和5年中のストーカー事案の被害者は女性が87.0％を占めている。

　警察では、若年層のストーカー被害を防止するため、高校生、大学生等を対象に、イラスト等を用いてストーカー被害の態様を説明した教材（パンフレット・DVD等）を活用した防犯教室等を開催しているほか、警察庁においてポータルサイトにより、ストーカー事案に関する情報を発信している。

　また、危険性・切迫性が高い事案の被害者等の安全を確保するため、緊急・一時的に被害者等を避難させる必要がある場合に、ホテル等の宿泊施設を利用するための費用について、公費で負担することとしている。

2　こども

　我が国が締約国となっている「児童の権利に関する条約」（平成6年条約第2号。以下「児童の権利条約」という。）は、締約国が、適当かつ積極的な方法で同条約の原則及び規定を成人及び児童のいずれにも広く知らせることを約束する旨を規定している（第42条）。

　文部科学省が各都道府県教育委員会等を通じて行った令和4年度「児童生徒の問題行動・不登校等生徒指導上の諸課題に関する調査」の結果では、暴力行為の発生件数は9万5,426件（対前年度比24.8％増）と依然として憂慮すべき状況が見られ、また、いじめの認知件数は68万1,948件（同10.8％増）となっている。「いじめを初期段階のものも含めて積極的に認知し、その解消に向けた取組のスタートラインに立っている」と肯定的に評価できるが、その一方で、いじめの重大事態の件数は923件（同30.7％増）となっており、教育上の大きな課題となっている。

　また、令和5年に警察がいじめに起因する事件で検挙・補導した人員は、404人（対前年比81.2％増）であった。内訳としては、小学生125人（同62.3％増）、中学生189人（同119.8％増）、高校生90人（同50.0％増）となっている。

　さらに、法務省の人権擁護機関が調査・処理を行う人権侵犯事件においても、令和5年には、学校におけるいじめ事案が1,185件、教育職員による体罰に関する事案が74件、児童に対する暴行・虐待事案が268件と高水準で推移しており、こうした人権侵害による被害の予防・救済のための取組等が課題となっている。

人権侵犯事件数（開始件数）	令和元年	令和2年	令和3年	令和4年	令和5年
学校におけるいじめ	2,944	1,126	1,169	1,047	1,185
教育職員による体罰	141	83	51	75	74
児童に対する暴行・虐待	413	341	253	216	268

（法務省人権擁護局の資料による）

(1) こどもが人権享有主体として最大限尊重されるような社会の実現を目指した啓発活動

　法務省の人権擁護機関では、「こどもの人権を守ろう」を強調事項の一つとして掲げ、講演会等の開催、啓発冊子の配布等に加え、全国中学生人権作文コンテスト（8頁参照）を実施している。また、人権擁護委員が中心となって、人権教室（9頁参照）、人権の花運動（11頁参照）、スポーツ組織と連携・協力した啓発活動（111頁参照）等、各種人権啓発活動を実施している。

　さらに、文部科学省との連携により、人権教室の活用を始めとして、学校等と法務省の人権擁護機関の更なる連携強化を図り、いじめ等のこどもの人権問題の防止に取り組んでいる。

　令和5年度においては、こどもの人権問題に関する意識を啓発するインターネット広告を実施したほか、啓発動画「あなたは大丈夫？考えよう！いじめ」及び「あなたは大

丈夫？考えよう！児童虐待」を作成した。

　また、日常生活における人権問題や人権尊重の重要性について解説した啓発冊子「みんなともだち　マンガで考える『人権』」や「『いじめ』　させない　見逃さない」、児童の権利条約の内容を平易に解説した小学生向けの啓発冊子「よくわかる！こどもの権利条約」を全国の法務局・地方法務局に配布の上、各種人権啓発活動で活用した。

　このほか、様々な人権問題を自分の問題として考えることを呼び掛ける啓発動画「『誰か』のこと　じゃない。（いじめ編・児童虐待編）」や「全国中学生人権作文コンテスト」の入賞作品等を題材にした啓発動画等をYouTube法務省チャンネルで配信するなど、人権啓発活動の充実に努めている。

　加えて、こども家庭庁を始め関係省庁では、多くの青少年が初めてスマートフォン等を手にする春の卒業・進学・進級の時期に特に重点を置き、地方公共団体、関係団体、関係事業者等と連携し、毎年、2月から5月にかけて、スマートフォンやSNS等の安全・安心な利用のための啓発活動を集中的に実施する、「春のあんしんネット・新学期一斉行動」を展開しており、期間中、インターネット等の様々な広報媒体を通じた啓発活動等の取組を集中的に展開した。

啓発冊子
「みんなともだち
マンガで考える『人権』」

啓発冊子
「『いじめ』　させない
見逃さない」

保護者向け普及啓発リーフレット「ネット・スマホ活用世代の保護者が知っておきたいポイント」

啓発動画「あなたは大丈夫？考えよう！いじめ」

大人パート

こどもパート

啓発動画「あなたは大丈夫？考えよう！児童虐待」

啓発動画「『誰か』のこと　じゃない。」

⑵ 学校教育及び社会教育における人権教育の推進

ア　文部科学省では、学習指導要領において、「確かな学力」、「豊かな心」、「健やかな体」（知・徳・体）のバランスのとれた「生きる力」を育むことを目指している。

「豊かな心」の育成に関しては、道徳において、善悪の判断等の内容を扱うとともに、体験活動等をいかすなどの充実を図っている。

また、豊かな人間性や社会性を育む観点から、健全育成のための体験活動推進事業や、学校教育における人権教育を推進するための人権教育研究推進事業を実施した（2～3頁参照）。

社会教育においては、専門的職員である社会教育主事の養成講習において、人権問題等の現代的課題を取り上げ、指導者の育成及び資質の向上を図っている。

イ　こども家庭庁では、毎年5月5日の「こどもの日」から11日までの1週間を「児童福祉週間」と定め、こどもの健やかな成長、こどもや家庭を取り巻く環境について国民全体で考えることを目的に、国、地方公共団体、関係団体、企業、地域社会等が連携して、全国で様々な行事、取組を行っている。

令和5年度は、児童福祉週間の標語を全国公募し、最優秀作品として選定された「小さなて　みんなではぐくみ　育ててく」を児童福祉週間の象徴として、児童福祉の理念の普及・啓発を図った。

ポスター「児童福祉週間」

⑶ 家庭教育に対する支援の充実

文部科学省では、保護者が安心して家庭教育を行うことができるよう、家庭教育に関する支援が届きにくい家庭に配慮しつつ、地域の多様な人材を活用した家庭教育支援チーム等が地域の実情に応じて行う家庭教育支援に関する取組（保護者に対する学習機会や情報の提供、相談対応等）を推進するため、補助事業（地域における家庭教育支援基盤構築事業）等を実施している。

⑷ 「人権を大切にする心を育てる」保育の推進

こども家庭庁では、保育所等において、保育所保育指針に基づき、児童の最善の利益を考慮するよう啓発を行うとともに、「人権を大切にする心を育てる」保育の推進を図り、児童の心身の発達、家庭や地域の実情等に応じた適切な保育の実施を推進している。

⑸ いじめ・暴力行為等に対する取組の推進

ア　いじめの問題は依然として大きな社会問題となっている。こうした状況の中、平成25年6月のいじめ防止対策推進法の成立を受け、文部科学省では、同年10月11日、「い

じめの防止等のための基本的な方針」（以下「国のいじめ防止基本方針」という。）を策定した。また、国のいじめ防止基本方針に基づき、文部科学省の「いじめ防止対策協議会」において法の施行状況の検証を行い、平成28年11月に示された「いじめ防止対策推進法の施行状況に関する議論のとりまとめ」の提言を踏まえ、平成29年3月に国のいじめ防止基本方針を改定した。当該基本方針においては、学校や学校の設置者が法務省の人権擁護機関との連携を図ることや、平素から、関係機関の担当者の窓口交換や連絡会議の開催等の体制整備を図るなどの情報共有体制を構築していくことを記載している。また、障害のある児童生徒や外国人の児童生徒、性的マイノリティに係る配慮が必要な児童生徒など、学校として特に配慮を要する児童生徒に関わるいじめについて、教職員がそれぞれの児童生徒の特性への理解を深め、当該児童生徒のニーズや特性等を踏まえた適切な指導を行うことが必要であることも当該基本方針の中で示している。さらに、「いじめの防止等に関する普及啓発協議会」を開催するなど、いじめ防止対策推進法及び国のいじめ防止基本方針の周知徹底を図ることに取り組んでいる。あわせて、いじめ対応に当たっては、学校だけでは対応しきれない場合も多いことから、犯罪に相当するいじめ事案については直ちに警察に相談・通報を行い、適切な援助を求めなければならないことや、児童生徒への指導支援の充実等、取組の徹底を求める事項について、令和5年2月7日に通知を発出し、周知した。

このほか、教育再生実行会議の第一次提言及びいじめ防止対策推進法を踏まえ、いじめの未然防止、早期発見・早期対応や教育相談体制の整備及びインターネットを通じて行われるいじめへの対応を充実するため、平成25年度から「いじめ対策等総合推進事業」（平成29年度から「いじめ対策・不登校支援等総合推進事業」と名称変更）を実施している。

さらに、令和6年1月、こども自身の主体的な活動の中核となるリーダーを育成するとともに、全国各地での多様な取組の実施を一層推進するため、「全国いじめ問題子供サミット」を開催した。

加えて、いじめを政府全体の問題として捉え直し、関係省庁の知見を結集し、対応すべき検討課題を整理し、結論を得たものから随時速やかに対応していく政府の体制を構築するため、文部科学省及びこども家庭庁を共同議長とする「いじめ防止対策に関する関係省庁連絡会議」を令和5年9月、10月及び令和6年3月に開催した。

暴力行為については、未然防止と早期発見・早期対応に教職員が一体となって取り組むことや家庭・地域社会等の理解を得て地域ぐるみでの取組を推進すること、暴力行為等の問題行動を繰り返す児童生徒に対して、警察等の関係機関と連携した取組を推進し、き然とした指導を粘り強く行うなどの的確な対応をとることを学校、教育委員会等に要請した。

また、いじめや暴力行為等、問題を抱える児童生徒が適切な相談等を受けることができるよう、児童生徒の心理に関して専門的な知識及び経験を有するスクールカウン

セラーを配置するとともに、福祉の専門的な知識や技術を有するスクールソーシャルワーカーを配置するなど、学校内の教育相談体制の整備を支援している。さらに、「いじめ対策・不登校支援等総合推進事業」において、児童生徒の問題行動等の未然防止や早期発見・早期対応につながる効果的な取組の実践等について調査研究を行っている。

　加えて、夜間・休日を含め24時間いつでもこどものSOSを受け止めることができるよう、通話料無料の「24時間子供SOSダイヤル（0120-0-78310）」を整備している。

　また、近年、若年層の多くが、SNSを主なコミュニケーション手段として用いているとともに、SNS上のいじめへの対応も大きな課題となっている状況を受け、いじめを含む様々な悩みに関する児童生徒の相談に関して、SNS等を活用する利点・課題等について検討を行うため、平成29年7月に有識者会議を開催し、平成30年3月、「SNS等を活用した相談体制の構築に関する当面の考え方（最終報告）」を取りまとめた。さらに、平成30年から地方公共団体に対し、SNS等を活用した児童生徒向けの相談体制の整備に向けた支援を行っており、令和3年度から支援対象とする地方公共団体の全国展開を図った。

イ　こども家庭庁では、社会全体でのいじめ防止対策を推進するため、令和5年度から、地方公共団体の首長部局において、「学校外からのアプローチによるいじめ解消の仕組みづくりに向けた手法の開発・実証」事業を実施するとともに、学識経験者等の専門家を「いじめ調査アドバイザー」として活用し、いじめの重大事態調査等を行う地方公共団体に対し、第三者性の確保等の観点から助言を行っている（詳細は117〜118頁参照）。

ウ　文部科学省及びこども家庭庁では、令和5年度から、各学校設置者等が作成したいじめの重大事態の調査報告書について、収集した調査報告書の分析を通じて、重大事態の実態把握や課題点等を洗い出し、国全体でのいじめの重大事態調査の適切な運用やいじめ防止対策の改善・強化につなげることとし、各調査報告書の調査項目や調査期間、いじめの態様、再発防止策等の整理を行い、いじめ防止対策協議会において、随時、分析状況の報告を行っている。

エ　警察では、少年相談活動やスクールサポーターの学校への訪問活動、学校警察連絡協議会の開催等を通じて、いじめ事案の早期把握に努めるとともに、いじめ事案を把握した場合には、事案の悪質性、重大性及び緊急性、被害児童生徒及びその保護者の意向、学校等の対応状況等を踏まえ、いじめ防止対策推進法の趣旨等を認識しつつ、学校等との緊密な関係を構築するなどして、的確な対応を推進している。

　また、校内暴力についても、学校等との情報交換により早期把握に努め、悪質な事案に対し厳正に対処するなど、内容に応じた適切な措置と再発の防止に努めている。

オ　厚生労働省では、ひきこもり等の児童について、ひきこもり地域支援センターや自立相談支援機関を相談窓口として、教育分野との連携を図りつつ、児童相談所や児童養護施設等の機能を十分活用するとともに、家庭環境・養護問題の調整、解決に取り

組んでいる。

⑹　児童虐待防止のための取組

　児童虐待への対応については、これまで「児童虐待の防止等に関する法律」（平成12年法律第82号。以下「児童虐待防止法」という。）及び「児童福祉法」（昭和22年法律第164号）の累次の改正や、「民法」（明治29年法律第89号）などの改正により、制度的な充実が図られてきた。一方で、全国の児童相談所における児童虐待の相談対応件数は一貫して増加し、令和４年度には21万9,170件（速報値）となっている。こどもの生命が奪われるなど重大な児童虐待事件も後を絶たず、児童虐待の防止は社会全体で取り組むべき喫緊の課題である。

　児童相談所における児童虐待の相談対応件数が依然として増加し、また、育児に対して困難や不安を抱える子育て世帯がこれまで以上に顕在化してきているなど、子育て世帯への支援の充実やそのための体制強化に取り組む必要があることから、令和４年６月、こどもや家庭への包括的な相談支援等を行う「こども家庭センター」の設置や、訪問による家事支援等こどもや家庭を支える事業の創設を行うこと等を内容とする「児童福祉法等の一部を改正する法律」（令和４年法律第66号。以下「令和４年改正児童福祉法」という。）が成立した。なお、同法においては、上記のほか、一時保護開始時の司法審査の導入や、こども家庭福祉の現場において相談援助業務等を担う者の専門性向上のための実務経験者向けの認定資格の導入等の改正も盛り込まれ、一部の規定を除き令和６年４月１日から施行されている。

　また、児童虐待の予防等を目的とした令和４年改正児童福祉法の円滑な施行を行うとともに、こども家庭庁を司令塔として関係省庁が連携して取組を強化する必要があることから、「児童虐待防止対策の更なる推進について」（令和４年９月２日児童虐待防止対策に関する関係閣僚会議決定）において特に重点的に実施する取組を決定するとともに、令和４年12月、児童相談所の体制強化について「新たな児童虐待防止対策体制総合強化プラン」（令和４年12月15日児童虐待防止対策に関する関係府省庁連絡会議決定）を策定した。同プランでは、これまで「児童虐待防止対策体制総合強化プラン」（平成30年12月18日児童虐待防止対策に関する関係府省庁連絡会議決定）に沿って行われてきた児童福祉司の増員等による体制強化の取組を更に進め、令和６年度末までに児童福祉司を6,850人体制とする目標を設定し、体制強化に取り組むこととされた。

　また、民法における懲戒権に関する規定（民法第822条）が児童虐待を正当化する口実になっているという指摘がなされてきたことを踏まえ、令和４年12月に「民法等の一部を改正する法律」（令和４年法律第102号）が成立し、民法について親権者による懲戒権の規定を削除するとともに、体罰等のこどもの心身の健全な発達に有害な影響を及ぼす言動を禁じる改正がなされた。児童福祉法及び児童虐待防止法についても、民法の新たな規定ぶりに合わせる改正が行われ、体罰等によらない子育ての一層の推進が図られ

ている。

ア　こども家庭庁では、11月に「オレンジリボン・児童虐待防止推進キャンペーン」を実施し、同期間中、関係府省庁や地方公共団体、関係団体等と連携した集中的な広報啓発活動を実施し、児童虐待は社会全体で解決すべき問題であることを周知・啓発している。また、児童虐待防止の啓発を図ることを目的に民間団体（認定NPO法人児童虐待防止全国ネットワーク）が中心となって実施している「オレンジリボン運動」を後援している。

　　令和5年度は、「あなたしか　気づいてないかも　そのサイン」を期間中の標語として決定し、各種広報媒体に掲載したほか、「こどもの虐待防止推進全国フォーラムwithおかやま」やポスター・リーフレット・啓発動画等により、児童虐待防止に向けた広報啓発に取り組んだ。

　　また、児童虐待を受けたと思われるこどもを見付けたときなどに、ためらわずに児童相談所に通告・相談ができるよう、児童相談所虐待対応ダイヤル「189（いちはやく）」及び児童相談所相談専用ダイヤルを運用しており、それぞれ通話料の無料化を行い、利便性の向上を図っている。さらに、虐待防止のためのSNSを活用した全国一元的な相談の受付体制の構築に向け、令和3年度に相談システムの設計・開発を行い、令和5年2月から本格的な運用を開始した。

　　このほか、こども家庭審議会児童虐待防止対策部会の下に設置されている「児童虐待等要保護事例の検証に関する専門委員会」においては、児童虐待による死亡事例等について分析・検証し、事例から明らかとなった問題点・課題から具体的な対応策の提言を行ってきた。令和5年9月7日には、「こども虐待による死亡事例等の検証結果等について（第19次報告）」を取りまとめた。

　　第19次報告においては、心中以外の虐待死（50例・50人）では、0歳児死亡が最も多く（48.0%）、うち月齢0か月が25.0%を占めた。また、心中以外の虐待死で実母が妊娠期・周産期に抱えていた問題として、「妊婦健康診査未受診」、「予期しない妊娠／計画していない妊娠」が高い割合を占めること等が特徴として挙げられた。

イ　文部科学省では、児童虐待防止法の規定による早期発見努力義務及び通告義務等について機会を捉えて周知徹底を図っているほか、関係機関との連携強化のための情報共有や児童虐待防止に係る研修の実施等の積極的な対応等についても周知している。

　　また、平成31年2月の関係閣僚会議決定を受け、令和元年5月に学校・教育委員会等が児童虐待の

ポスター「オレンジリボン・児童虐待防止推進キャンペーン」

対応に留意すべき事項をまとめた「学校・教育委員会等向け虐待対応の手引き」（令和2年6月一部改訂）を作成し、公表するとともに、同年8月には、地域における児童虐待の未然防止・早期発見の取組に資するよう、地域で活動する家庭教育支援や地域学校協働活動等の関係者に向けて、「児童虐待への対応のポイント」（令和5年10月一部改訂）を作成し、児童虐待への対応に関して留意すべき事項等を周知した。令和2年1月には、児童虐待対応に関する具体的な事例を想定した「学校現場における虐待防止に関する研修教材」を作成し、積極的な活用について周知した。

　このほか、児童生徒が適切な相談を受けることができるよう、スクールソーシャルワーカーやスクールカウンセラーの活用等、教育相談体制の整備を支援している。また、児童虐待の未然防止や早期対応のため、家庭教育支援チーム等による保護者への相談対応や保護者と地域とのつながりづくりの推進にも取り組んでいる。

ウ　警察では、児童虐待が疑われる事案を認知した際には、早期に現場臨場等を行い、警察職員が児童の安全を直接確認することを徹底するとともに、事件化すべき事案については厳正な捜査を行っている。また、児童虐待を受けたと思われる児童については、児童相談所に対して確実に通告等を実施し、児童相談所等との情報共有を図るなど、関係機関と緊密に連携しながら、児童の安全確保を最優先とした対応を徹底している。

エ　法務省では、「児童虐待とたたかう法務省プロジェクトチーム」を設置して検討を進め、令和2年2月に取りまとめた「法務省児童虐待防止対策強化プラン」に基づき、各地の法務省関係機関が有する資源・ノウハウを児童相談所等の求めに応じて提供するなど、関係機関と連携して児童虐待防止対策に取り組んでおり、法務省の人権擁護機関においては、職員や人権擁護委員による人権教室や「こどもの人権SOSミニレター」等による人権相談を実施している。

(7)　体罰の問題に対する取組の推進

　体罰は、「学校教育法」（昭和22年法律第26号）第11条で禁止されており、児童生徒の心身に深刻な悪影響を与え、力による解決の志向を助長し、いじめや暴力行為等の土壌を生むおそれがあり、いかなる場合でも決して許されない。文部科学省では、平成25年3月に、懲戒と体罰の区別について現場の教員が理解しやすい丁寧な説明を行うことを目的として、体罰と判断される行為や認められる懲戒等の具体例や、部活動指導に当たっての留意事項を示した通知を発出したり、同年5月に運動部活動での体罰等の根絶及び効果的な指導に向けた「運動部活動での指導のガイドライン」を公表したりするなど、体罰の防止に関する取組を実施してきた。また、令和4年12月に策定・公表した「学校部活動及び新たな地域クラブ活動の在り方等に関する総合的なガイドライン」には、「体罰（暴力）やハラスメント（生徒の人格を傷つける言動）は、いかなる場合も許されない」と示すとともに、校長及び部活動の指導者並びに地域クラブ活動運営主体・実施主

体に対し、生徒の心身の健康管理、事故防止及び体罰・ハラスメントの根絶を徹底する旨について示した。

さらに、体罰根絶のためには実態把握に努めることが重要と考えており、令和5年12月には、国公私立学校における体罰の実態についてまとめた調査結果を公表した。この結果では、体罰により懲戒処分等を受けた者は572人で、前年度の439人から、133人増加している。

⑻ こどもの性被害に係る対策

こどもの性被害に係る対策については、令和4年5月に犯罪対策閣僚会議において策定された「子供の性被害防止プラン（児童の性的搾取等に係る対策の基本計画）2022」に基づき、政府全体で取組を推進している（こども・若者の性被害防止に向けた取組については、35頁のトピックスも参照）。

いわゆる児童ポルノ等については、平成26年6月、「児童買春、児童ポルノに係る行為等の処罰及び児童の保護等に関する法律」（平成11年法律第52号）が一部改正され、法律名が「児童買春、児童ポルノに係る行為等の規制及び処罰並びに児童の保護等に関する法律」に改められ、自己の性的好奇心を満たす目的で児童ポルノ又はその電磁的記録を所持、保管する行為や、ひそかに児童の姿態を描写することにより児童ポルノを製造する行為を処罰する罰則が新設された。同改正法は平成26年7月に施行され、自己の性的好奇心を満たす目的での児童ポルノの所持等を処罰する規定については、平成27年7月から適用されている。

警察では、低年齢児童を狙ったグループ等に対する取締りを強化するとともに、児童の被害の継続・拡大を防ぐため、流通・閲覧防止対策や被害児童の早期発見及び支援に向けた取組等を推進している。また、警察庁ホームページにおいて、「なくそう、子供の性被害。」と題して、児童ポルノ事犯の検挙・被害状況、被害防止対策、児童ポルノ被害の深刻さ等について掲載し、国民意識の向上を図っている。

さらに、文部科学省では、「性犯罪・性暴力対策の強化の方針」（令和2年6月11日性犯罪・性暴力対策強化のための関係府省会議決定）を踏まえ、こどもたちを性犯罪・性暴力の加害者、被害者、傍観者にさせないため、内閣府と共同で「生命（いのち）の安全教育」の教材・指導の手引等を作成し、令和3年4月に公表した。以降、幼児期・小学校・中学校・高校の各段階における授業等での活用を促すとともに、令和3年度から「生命（いのち）の安全教育」の教材等を活用したモデル事業を実施している。令和4年度は動画教材や教員向け研修動画の公表を行い、令和4年12月の生徒指導提要の改訂においては、性犯罪・性暴力に関する対応について生徒指導の観点から整理し、課題未然防止教育として、「生命（いのち）の安全教育」を実施する旨が明記された。令和5年度は学校現場での実践をより後押しするため、実践事例集の公表や全国フォーラムの開催を行い、「生命（いのち）の安全教育」の全国展開を図った。

　児童生徒等に対する性暴力等の防止等については、本来こどもを守り育てる立場にある教員がこどもに性暴力等を行うということは断じてあってはならないという基本理念の下、令和3年5月には、第204回国会において議員立法である「教育職員等による児童生徒性暴力等の防止等に関する法律」（令和3年法律第57号）が衆参全会一致で成立し、令和4年4月1日から施行された（データベースに関する規定については、令和5年4月1日から施行）。

　同法では、教育職員等による児童生徒等への性暴力等（以下「児童生徒性暴力等」という。）は、児童生徒等の同意や暴行・脅迫等の有無を問わず全て法律違反であることとされたほか、教育職員・児童生徒等に対する啓発、児童生徒性暴力等の早期発見及び対処、国による特定免許状失効者等（児童生徒性暴力等を行ったことにより教員免許状が失効又は取上げとなった者）に関するデータベースの整備などが規定された。また、特定免許状失効者等に対しては、免許状の失効又は取上げの原因となった児童生徒性暴力等の内容等を踏まえ、当該特定免許状失効者等の改善更生の状況その他その後の事情により再び免許状を授与するのが適当であると認められる場合に限り、再び免許状を授与することができることが規定された。特定免許状失効者等に関するデータベースについては、国において令和4年度に構築、令和5年4月1日から稼動しており、教育職員等を任命又は雇用するときには、国公私立の別や常勤・非常勤等の採用形態を問わず、必ずデータベースを活用することが義務付けられている。

　同法に基づき、文部科学省では、本法に定められた施策を総合的かつ効果的に推進するため、教育職員等による児童生徒性暴力等の防止等に関する基本的な指針を令和4年3月に策定したほか、令和5年3月には、データベースに関する規定の施行に合わせて通知を発出し、データベースの運用等に係る注意事項とともに、児童生徒性暴力等の防止等に関する施策全体について、学校及びその設置者が行うべき主な対応をまとめたチェックリストを添付し、改めて趣旨や留意事項を周知した。また、教育委員会や学校における教員に対する研修や意識啓発の取組がより効果的なものとなるよう、令和4年度には、啓発動画や研修用動画、好事例集等を作成・公表した。

　こどもをわいせつ行為から守る環境整備については、こどもに対してわいせつ行為を行った保育士の再登録手続の厳格化等に関する必要な改正を盛り込んだ令和4年改正児童福祉法が令和5年4月1日から施行された。こども家庭庁では、適切な運用がなされるよう、法改正の趣旨や基本的な指針等について、各都道府県等への周知を行った。また、こどもに対してわいせつ行為を行ったことにより保育士登録を取り消した者（特定登録取消者）の情報が記録されたデータベースの運用を令和6年4月1日から開始しており、運用開始に先立ち、保育士を任命・雇用しようとする者に対してその活用の徹底を求めた。

　AV出演被害については、令和4年6月、AV出演被害の防止及び被害者の救済を図るため、AV出演被害防止・救済法が制定された（19頁参照）。

　法務省の人権擁護機関では、令和4年4月の成年年齢引下げに伴い、未成年者取消権の対象ではなくなった者から、AV出演被害を始めとする各種消費者トラブルに巻き込まれたなどの人権相談を受けた場合には、被害者保護に係る各種法制度を踏まえた助言を行うなど、適切に対応している。

　また、文部科学省では、卒業直前の高校生等に向けた「生命（いのち）の安全教育」啓発資料に、AV出演強要等の性産業への望まない従事等は性暴力であること等を記載するとともに、身近な被害実態、性暴力が起きないようにするためのポイント、性暴力被害に遭った場合の対策・相談先等を記載している。

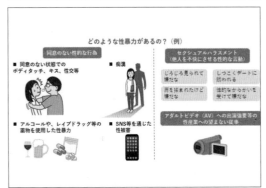

「生命（いのち）の安全教育」教材、啓発資料

(9) 無戸籍対策

　女性が夫との婚姻中や元夫との離婚後300日以内に子を出産した場合、民法の嫡出推定制度により、夫又は元夫が子の父と推定されることとなるが、他に血縁上の父が存在すること等を理由として、子を出産した女性が出生の届出をしないため、子が戸籍に記載されることなく、無戸籍のままとなることがある。このような無戸籍の発生は、国民としての社会的な基盤が与えられず、社会生活上の不利益を受けるといった人間の尊厳に関わる重大な社会問題である。

　法務省では、無戸籍の解消のため、①市区町村の窓口等から得られた情報により、各法務局において無戸籍者の情報を把握し、②把握した情報に基づき、法務局や市区町村の職員が、無戸籍者の母親等に定期的に連絡、個別に訪問するなど、一人一人に寄り添

い、戸籍の記載に必要な届出や裁判上の手続がとられるよう支援し、③裁判費用等の相談があった場合には、「日本司法支援センター」（以下「法テラス」という。）での民事法律扶助制度について案内し、④法務省に無戸籍者ゼロタスクフォースを設置するとともに、各法務局において市区町村、弁護士会等の関係機関と協議会を設置するなどの「寄り添い型」の取組を進めている。また、無戸籍者やその母親等の関係者に相談を促すため、ポスター及びリーフレットの配布や、法務省ホームページ及び無戸籍解消の流れに関する動画等のウェブコンテンツを充実させるなどして、周知を図るとともに、各法務局においても相談窓口を設けている。

　平成26年9月から行っている無戸籍者に関する情報集約により、累計4,884人の無戸籍者を把握し、そのうち合計4,113人の方が戸籍に記載されたところであり（令和6年3月10日現在）、引き続き無戸籍の解消のための取組を進めていくこととしている。

　さらに、無戸籍が発生する原因の一つと指摘されてきた嫡出推定制度の見直し等について、母の婚姻の解消等の日から300日以内に生まれた子であっても、母の再婚後に生まれた場合には、再婚後の夫の子と推定すること等が盛り込まれた民法等の一部を改正する法律が、令和4年12月10日、第210回国会（臨時会）において可決成立し、同月16日に公布、嫡出推定制度の見直し等に関する規定については令和6年4月1日に施行されている。本改正によって、嫡出否認の訴えを提起することができる者の範囲及び出訴期間が見直されるとともに、施行前に生まれた子や母についても、施行日である令和6年4月1日から1年間に限り、嫡出否認の訴えを提起することが可能となることから、施行前において、無戸籍と把握している方に対して、個別に改正法の内容を通知することを含め、嫡出否認の訴えを提起する機会を逃すことのないように周知広報を行った。

法務省ホームページ
「無戸籍でお困りの方へ」

リーフレット
「無戸籍者問題の解消と
児童虐待の防止のために」

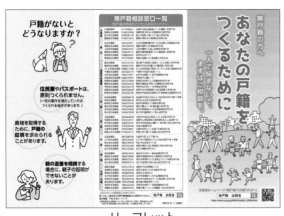

リーフレット
「あなたの戸籍をつくるために」

リーフレット
「子どもの戸籍をつくるために」

⑽ 条約の周知

　外務省では、平成６年に締結した児童の権利条約と併せ、武力紛争における児童の関与に関する児童の権利条約の選択議定書及び児童の売買、児童買春及び児童ポルノに関する児童の権利条約の選択議定書の実施に、内閣府を始めとする関係府省庁と協力して努めており、条文その他の情報を外務省ホームページ（https://www.mofa.go.jp/mofaj/gaiko/jido/index.html）に掲載し、その内容の周知に努めている。

　文部科学省では、平成22年度から毎年開催する人権教育担当指導主事連絡協議会等において、同条約等の周知を図っている。

　こども家庭庁では、「こども基本法」（令和４年法律第77号）の規定や同法附帯決議を踏まえ、令和５年度は、児童の権利条約の認知度調査を実施するとともに、普及啓発を検討するための調査研究を実施した。また、「こども大綱」（令和５年12月22日閣議決定）においても、「広く社会に対しても、こども基本法やこどもの権利条約の趣旨や内容について広く情報発信を行うことにより、こども・若者が権利の主体であることを広く社会全体に周知する」旨盛り込んだ。

⑾ こどもの人権をめぐる人権侵害事案に対する適切な対応

　法務省の人権擁護機関では、専用相談電話「こどもの人権110番」（フリーダイヤル0120-007-110（全国共通））を全国の法務局・地方法務局に設置しているほか、若年層でも利用しやすい「ＬＩＮＥじんけん相談」を全国で受け付けるなど、こどもが相談しやすい体制を取っている。取り分け、令和５年８月23日から29日までの１週間を「全国一斉『こどもの人権相談』強化週間」とし、これらの相談窓口の平日の相談受付時間を延長するとともに、土曜日・日曜日も開設した。

　また、法務省ホームページ上に「インターネット人権相談受付窓口（SOS-eメール）」（https://www.jinken.go.jp/）を開設するとともに、「こどもの人権SOSミニレター」（料金受取人払の便箋兼封筒）を全国の小・中学校の全児童生徒に配布して、こどもたちがより相談しやすいよう様々な手段を用意し、こどもの人権侵害事案の早期発見に努めて

いる。

　そして、人権相談等を通じて、いじめや体罰、児童虐待、児童買春、児童ポルノによる被害など、人権侵害の疑いのある事案を認知した場合は、人権侵犯事件として調査を行い、事案に応じた適切な措置を講じている。

　特に、児童虐待については、「こどもの人権SOSミニレター」を始めとする人権相談等を、対象者本人のみならず、その兄弟姉妹等の近親者に対する児童虐待等を発見するための手段として活用し、虐待の疑われる事案を認知した場合は、児童相談所等への情報提供や被害者との面談を早期に行うことにより、被害者の速やかな保護、被害者の家庭環境の改善、見守り体制の構築を図るなどして、虐待を受けたこどもの人権救済を図っている。

　なお、「こどもの人権SOSミニレター」等を端緒に人権侵犯事件として立件し、令和5年中に救済措置を講じた具体例については、資-34頁のとおりである。

	令和元年	令和2年	令和3年	令和4年	令和5年
こどもの人権110番相談件数	21,130	15,603	15,419	16,824	19,251

	令和元年度	令和2年度	令和3年度	令和4年度	令和5年度
こどもの人権SOSミニレター相談件数	15,594	10,704	11,194	8,710	7,511

（法務省人権擁護局の資料による）

ポスター「こどもの人権110番」

こどもの人権SOSミニレター（小学生向け）

トピックス

こども・若者の性被害防止に向けた取組

　政府は、弱い立場に置かれたこども・若者が、性犯罪・性暴力被害に遭う事案が後を絶たず、被害に遭ってもそれを性被害であると認識できないことや、声を上げにくく適切な支援を受けることが難しいことなどの課題を踏まえ、「こども・若者の性被害防止のための緊急対策パッケージ」（令和5年7月26日「性犯罪・性暴力対策強化のための関係府省会議」・「こどもの性的搾取等に係る対策に関する関係府省連絡会議」合同会議）を取りまとめました。

　同パッケージに基づき、性犯罪の成立要件をより明確化するなどした改正刑法等の趣旨・内容の周知及び厳正な対処・取締りの強化、こどもたちが性暴力の加害者・被害者・傍観者にならないようにするための「生命（いのち）の安全教育」の全国展開、被害の申告をしやすくし、その支援を強化するための各種相談窓口の充実等、様々な取組を着実に実施し、対策の強化を図っています。

　令和5年6月に成立した「刑法及び刑事訴訟法の一部を改正する法律」（令和5年法律第66号）及び「性的な姿態を撮影する行為等の処罰及び押収物に記録された性的な姿態の影像に係る電磁的記録の消去等に関する法律」（令和5年法律第67号）では、いわゆる性交同意年齢を「13歳未満」から「16歳未満」に引き上げるとともに、16歳

未満の者に対するわいせつ目的での面会要求行為を処罰する規定や16歳未満の者の性的な姿態を正当な理由なく撮影する行為を処罰する規定が新設されるなどしました（同年7月13日施行）。法務省では、これらの法律の趣旨及び内容について、その概要をまとめた資料を法務省ホームページに掲載しているほか、若年者向けに作成したリーフレット（小学生向け・中高生向け・大学生向けの3種類）を全国の学校に提供するなどして、国民に対する周知・啓発に取り組んでいます。

リーフレット（小学生向け、中高生向け、大学生向け）

　文部科学省では、こどもたちを性犯罪・性暴力の加害者、被害者、傍観者にさせないための「生命（いのち）の安全教育」を推進しており、幼児期・小学校・中学校・高校の各段階に応じて授業等で活用できる教材や指導の手引、大学生・一般向けの啓発資料等を公表し、これら教材等や教員向け研修動画及び児童生徒向け動画教材も活用したモデル事業を実施しています。また、「生徒指導提要（令和4年12月改訂版）」では、新たに、性犯罪・性暴力に関する対応について、生徒指導の観点から整理し、課題未然防止教育として「生命（いのち）の安全教育」の実施が明記されています。令和5年度は、学校等における実践をより後押しするための取組として、教育委員会、大学等に対して、これまでのモデル事業を基に作成した実践事例集を周知し、活用を促しました。また、全国の教育委員会・学校等の教職員向けに、参考となる情報やノウハウの共有、関係者のネットワーキングの機会とするため、「生命（いのち）の安全教育全国フォーラム」を開催しました。「性犯罪・性暴力対策の更なる強化の方針」（令和5年3月30日性犯罪・性暴力対策強化のための関係府省会議決定）では、令和5年度から令和7年度までの3年間を「更なる集中強化期間」として、教育・啓発を含め実効性のある取組を進めることとしており、全ての児童生徒等が性暴力等に対して適切な行動がとれる力を身に付けることができるよう、引き続き全国の学校等で「生命（いのち）の安全教育」の推進に向けた取組を進めています。

　法務省の人権擁護機関では、性的な暴力の事例を含めたデートDVに関する啓発動画「あなたは大丈夫？考えよう！デートDV」や性的虐待の事例を含めた児童虐待に関する啓発動画「あなたは大丈夫？考えよう！児童虐待」を作成するなどの各種人権啓発活動を実施するとともに、人権相談窓口の周知等を行っています。

3 高齢者

　我が国は、平均寿命の大幅な伸びや少子化等を背景として、人口の4人に1人が65歳以上の者となっている。

　このような中、介護者等による身体的・心理的虐待や、高齢者の家族等による本人の財産の無断処分等の経済的虐待等といった高齢者の人権問題が大きな社会問題となっている。

(1) 高齢者についての理解を深め、高齢者が生き生きと暮らせる社会の実現を目指した啓発活動

　法務省の人権擁護機関では、「高齢者の人権を守ろう」を強調事項の一つとして掲げ、講演会等の開催、啓発冊子の配布等、各種人権啓発活動を実施しており、高齢者虐待防止等をテーマとした啓発動画「虐待防止シリーズ　高齢者虐待」を全国の法務局・地方法務局において貸し出しているほか、YouTube法務省チャンネルで配信している。また、高齢者を含む全ての人の人権が尊重される社会の実現を訴える啓発動画についても、YouTube法務省チャンネルで配信している。

啓発動画
「『誰か』のこと　じゃない。
－支え合う共生社会の実現に向けて－」

(2) 高齢者福祉に関する普及・啓発

　厚生労働省では、令和5年9月15日の「老人の日」から21日までの1週間を「老人週間」と定め、「国民の間に広く老人の福祉についての関心と理解を深めるとともに、老人に対し自らの生活の向上に努める意欲を促す」という趣旨にふさわしい行事が実施されるよう、関係団体等に対する支援、協力、奨励等を都道府県等に依頼した。また、内閣府、消防庁、全国社会福祉協議会等の主唱12団体は、「みんなで築こう　健康長寿と共生社会」を標語とする「令和5年『老人の日・老人週間』キャンペーン要綱」を定め、その取組を支援した。

　さらに、令和元年6月に認知症施策推進関係閣僚会議で取りまとめた「認知症施策推進大綱」に基づき、認知症になっても希望を持って日常生活を過ごせる社会を目指し、認知症の人や家族の視点を重視しながら、「共生」と「予防」を車の両輪とした施策を推進している。

　令和5年度は、世界アルツハイマー月間（9月）の機会を捉えた普及啓発の取組を都道府県等に依頼し、ライトアップや関連イベントの開催等の取組が行われた。

　加えて、認知症に係る諸問題への対応が、社会全体で求められているという共通認識の下、行政、経済団体、医療・福祉団体等が協力して施策を推進していくための組織である「日本認知症官民協議会」において、令和5年度は、認知症の人やその家族等の御

意見も踏まえ、認知症の人の生活に密接に関係する「携帯ショップ」（携帯電話等の販売店）、「旅館・ホテル」の2業種における「認知症バリアフリー社会実現のための手引き」を作成した。

こうした中、認知症の人が尊厳を保持しつつ希望を持って暮らすことができるよう、認知症の人を含めた全ての国民がその個性と能力を十分に発揮し、相互に人格と個性を尊重しつつ支え合いながら共生する活力ある社会の実現を推進することを目的とする「共生社会の実現を推進するための認知症基本法」（令和5年法律第65号。以下「認知症基本法」という。）が令和5年6月に成立した。

認知症基本法の施行に先立ち、令和5年9月から「認知症と向き合う『幸齢社会』実現会議」を内閣総理大臣主宰の下で開催し、同年12月には認知症の人やその家族、有識者等から成る構成員の意見の取りまとめを行い、認知症と共に希望を持って生きるという「新しい認知症観」の理解促進を、認知症の人からの発信を通じて進めること等が示された。

また、認知症基本法が令和6年1月に施行され、同法に基づき、同月には内閣総理大臣を本部長とする認知症施策推進本部が、同年3月には認知症施策推進関係者会議がそれぞれ開催され、認知症施策推進基本計画の策定に向けた議論が開始された。

認知症基本法において、世界アルツハイマーデー及び月間が、認知症の日（毎年9月21日）及び認知症月間（毎年9月）として法定化されたことも踏まえ、引き続き、「新しい認知症観」や認知症基本法の理解促進等を進めるとともに、認知症の人が住み慣れた地域で普通に暮らし続けられるよう、障壁を減らす認知症バリアフリーの取組等を含め、認知症施策の総合的な推進に取り組むこととしている。

⑶　学校教育における高齢者・福祉に関する教育の推進

学校教育においては、学習指導要領に基づき、児童生徒が高齢社会の課題や高齢者に対する理解を深めるため、ボランティア活動や高齢者との交流等の体験活動の充実が図られている。

⑷　高齢者の学習機会の充実

平成30年に策定された「高齢社会対策大綱」（平成30年2月16日閣議決定）においては、高齢者を含めた全ての人々が生涯にわたって学習活動を行うことができるよう、学校や社会における多様な学習機会の提供を図り、その成果の適切な評価の促進や地域活動の場での活用を図ることとしており、社会教育施設等においては、高齢者等を対象とした学習機会の提供が行われている。

また、文部科学省では、高齢者が生涯学習を通じて地域づくりに主体的に参画することを促進するため、行政や各種団体等で社会教育に携わる者を対象に、学びを通じた社会参画の実践による社会的孤立の予防・解消を図る方策を共有した。

⑸　ボランティア活動等、高齢者の社会参加の促進と世代間交流の機会の充実

　内閣府では、高齢者の社会参加や世代間交流を促進するため、令和5年11月に「高齢社会フォーラム」を兵庫県姫路市で開催した。

　また、年齢に捉われず、自らの責任と能力において自由で生き生きとした生活を送る高齢者（エイジレス・ライフ実践者）や社会参加活動を積極的に行っている高齢者の団体等を毎年広く紹介しており、令和5年度は、個人60人及び42団体を選考し、内閣府ホームページ等を通じて、社会参加活動等の事例を広く国民に紹介する事業を実施した。

⑹　高齢者の雇用・多様な就業機会確保のための啓発活動

　厚生労働省では、求人の募集・採用に当たっては、年齢ではなく求職者一人一人の経験や適性、能力等を判断するべきであるとの趣旨から、「労働施策の総合的な推進並びに労働者の雇用の安定及び職業生活の充実等に関する法律」（昭和41年法律第132号。以下「労働施策総合推進法」という。）により、ハローワークを始め、求人広告、民間の職業紹介会社、インターネット等、全ての求人募集において、厚生労働省令が定める例外事由に該当する場合を除いては、求人の年齢制限を原則禁止し、年齢に関わりなく応募の機会が開かれるよう努めている。

　また、60歳以上の高齢者に限定して募集採用する場合には、厚生労働省令が定める例外事由として、年齢制限をすることを許容し、高齢者の雇用を促進することとしている。

⑺　高齢者の人権をめぐる人権侵害事案に対する適切な対応

　法務省の人権擁護機関では、全国の法務局・地方法務局又はその支局において人権相談に応じており、全国共通人権相談ダイヤル「みんなの人権110番」（ナビダイヤル0570-003-110（全国共通））を設置している。また、高齢者に接する機会が多い社会福祉事業従事者等に対し、人権相談を広報するためのリーフレットを配布したほか、老人福祉施設等の社会福祉施設において、入所者及びその家族が気軽に相談することができるよう、特設の人権相談所を開設するなどして、相談体制の一層の強化を図っている。人権相談等を通じて、高齢者に対する虐待等の人権侵害の疑いのある事案を認知した場合は、人権侵犯事件として調査を行い、事案に応じた適切な措置を講じている。

人権侵犯事件数（開始件数）	令和元年	令和2年	令和3年	令和4年	令和5年
高齢者に対する暴行・虐待	251	185	131	81	107
高齢者福祉施設における人権侵犯	31	23	16	23	19

（法務省人権擁護局の資料による）

4　障害のある人

　障害のある人を含む全ての人々にとって住みよい平等な社会づくりを進めていくために
は、国や地方公共団体が障害のある人に対する各種施策を実施していくだけでなく、社会
の全ての人々が障害のある人について十分に理解し、必要な配慮をしていくことが求めら
れている。

　我が国では、全ての国民が障害の有無によって分け隔てられることなく相互に人格と個
性を尊重し合いながら共生する社会を実現するため、令和5年3月に閣議決定した「障害
者基本計画（第5次）」に基づき、同年4月から障害のある人の自立及び社会参加の支援
等のための施策の総合的かつ計画的な推進を図るため、関係府省庁が連携し、同計画に基
づく施策を着実に実施しているところである。

　平成28年4月に施行された「障害を理由とする差別の解消の推進に関する法律」（平成
25年法律第65号。以下「障害者差別解消法」という。）に基づき、各行政機関等や事業者
において、不当な差別的取扱いの禁止や合理的配慮の提供を始めとする障害を理由とする
差別の解消に向けた取組が行われている。また、令和6年4月には、事業者に対し合理的
配慮の提供を義務付けるとともに、行政機関相互間の連携の強化を図るほか、障害を理由
とする差別を解消するための支援措置を強化する措置を講ずることを内容とする同法の改
正法が施行されている（詳細は48〜49頁参照）。

　平成29年2月には、2020年東京オリンピック競技大会・東京パラリンピック競技大会を
契機として全国のユニバーサルデザインの取組を推進していくため、様々な障害者団体等
の参画を得ながら「ユニバーサルデザイン2020行動計画」を決定し、この行動計画を基に、
関係省庁等が共生社会の実現に向けた諸施策を推進してきた。また、障害のある人の視点
を施策に反映させる枠組みとして、構成員の過半を障害のある人又はその支援団体が占め
る「ユニバーサルデザイン2020評価会議」を設置し、令和3年11月に開催された同会議に
おいては、大会のレガシーとして各主体が連携を図りつつ取組を継続していくことが期待
されるとの総括が行われた。

　さらに、平成30年12月には、ユニバーサル社会の実現に向けた諸施策を総合的かつ一体
的に推進することを目的とした「ユニバーサル社会の実現に向けた諸施策の総合的かつ一
体的な推進に関する法律」（平成30年法律第100号）が公布・施行され、同法に基づき、毎
年1回、政府が講じたユニバーサル社会の実現に向けた諸施策の実施状況を取りまとめて
公表している。

(1)　共生社会を実現するための啓発・広報等

　障害の有無にかかわらず、誰もが相互に人格と個性を尊重し、支え合う「共生社会」
の理念の普及を図るため、「障害者基本法」（昭和45年法律第84号）では、毎年12月3日
から9日までの期間を「障害者週間」と定めており、この期間を中心に、国、地方公共

団体が民間団体等と連携し、全国各地で様々な行事や取組を集中的に開催している。

　内閣府では、多様な媒体による広報・周知を行ったほか、全国から募集した「心の輪を広げる体験作文」及び「障害者週間のポスター」の最優秀賞受賞者に対する内閣総理大臣表彰のほか、障害者関係団体等による障害及び障害のある人をテーマとするオンラインセミナーや体験をテーマにした障害の特性を知っていただくためのワークショップの開催等、国民意識の向上に向けた取組を行った（詳細は「障害者白書」に記載）。

ポスター「障害者週間」

⑵　**障害を理由とする偏見・差別の解消を目指した啓発活動**

ア　法務省の人権擁護機関では、「障害を理由とする偏見や差別をなくそう」を強調事項の一つとして掲げ、講演会等の開催、啓発冊子の配布等、各種人権啓発活動を実施している。

　令和5年度には、啓発冊子及び啓発動画「障害のある人と人権〜誰もが住みよい社会をつくるために〜〈改訂版〉」、障害のある人の人権問題を含めた職場における各種人権問題について解説した啓発冊子及び啓発動画「企業と人権〜職場からつくる人権尊重社会〜」、様々な人権問題を自分の問題として考えることを呼び掛ける啓発動画「『誰か』のこと　じゃない。（障害のある人編）」等の様々な啓発資料について、全国の法務局・地方法務局での配布や貸出し、YouTube法務省チャンネルでの配信等を行っている。

　また、啓発冊子「人権の擁護」を始めとする各種啓発資料には、音声コードを導入し、視覚障害のある人が利用することができるよう工夫を施している。

　令和6年2月3日には、「共生社会と人権に関するシンポジウム〜多様性と包摂性のある社会を目指して〜」をオンライン開催し、共生社会の実現をテーマとして、障害者雇用に積極的な企業の取組を紹介するとともに、その内容を広く周知するため、採録記事を作成して新聞広告を実施した。

　さらに、全国の法務局・地方法務局においては、社会福祉協議会などと連携し、車椅子体験、パラリンピアンによる講話、障害者スポーツ体験（ボッチャ、車椅子バスケットボール等）等と、障害のある人の人権や「心のバリアフリー」に関する人権擁護委員による人権教室とを組み合わせた人権啓発活動を全国各地で実施した。

啓発動画「『誰か』のこと　じゃない。」

啓発冊子
「障害のある人と人権〜誰もが住みよい
社会をつくるために〜〈改訂版〉」

「共生社会と人権に関する
シンポジウム」

　イ　厚生労働省では、「身体障害者補助犬法」（平成14年法律第49号）の趣旨及び補助犬の役割等についての一層の周知を目的として、ポスター、パンフレット、ステッカー等の作成・配布や、ホームページの開設を行っている（https://www.mhlw.go.jp/stf/seisakunitsuite/bunya/hukushi_kaigo/shougaishahukushi/hojoken/index.html）。

(3)　精神障害者に対する偏見・差別の是正のための啓発活動

　厚生労働省では、地域住民等に対して精神保健福祉に関する知識の普及等を行う「精神保健福祉普及運動」等を活用して、精神疾患についての正しい理解が広まるよう、情報発信を行っている。

　また、10月10日「世界メンタルヘルスデー（国際記念日）」に合わせて、厚生労働省では、精神疾患やメンタルヘルスについて、国民に関心を持ってもらうきっかけとして、令和元年から精神障害者に対する理解を深めるための啓発イベント等を開催している。令和5年においては、著名人を招き、「10代後半から20代前半」の方を対象としたトークイベントを開催し、後日、厚生労働省の世界メンタルヘルスデー特設サイトにて当日の様子を配信した。

世界メンタルヘルスデー 2023
イベントポスター

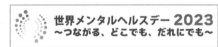

世界メンタルヘルスデー 2023
バナー

世界メンタルヘルスデー 2023
（厚生労働省ホームページ）

(4) 特別支援教育の充実及び障害のある人に対する理解を深める教育の推進

　ア　障害のあるこどもと障害のないこどもが可能な限り共に教育を受けられるように条件整備を行うとともに、障害のあるこどもの自立と社会参加を見据え、一人一人の教育的ニーズに最も的確に応える指導を受けることができるよう、多様な学びの場を整備することが大切である。文部科学省では、「障害のある子供の教育支援の手引」の改訂・周知、障害のあるこどもと障害のないこどもとの交流及び共同学習の推進や「心のバリアフリーノート」の活用促進、「特別支援学校設置基準」の策定（令和3年9月24日公布）などの取組を進めてきたほか、令和4年3月の「特別支援教育を担う教師の養成の在り方等に関する検討会議報告」を踏まえた取組の推進や、独立行政法人国立特別支援教育総合研究所における、教師の専門性向上のための研修・講義配信の実施等、特別支援教育を担う教師の専門性向上を図る施策も実施している。

　　また、障害のあるこどもの学校における日常生活上・学習活動上のサポートを行う「特別支援教育支援員」や医療的ケアを行う「医療的ケア看護職員」を法令上位置づけるとともに、各学校における配置実績を踏まえて、年々拡充を図ってきたところである。

　　さらに、小・中学校における障害に応じた特別の指導（通級による指導）を担当する教員の定数について、平成29年度から基礎定数化するとともに、平成30年3月には「公立高等学校の適正配置及び教職員定数の標準等に関する法律施行令」（昭和37年政令第215号）を改正し、平成30年度から公立高等学校における障害に応じた特別の指導（通級による指導）のための加配定数措置を可能とした。令和5年3月には、「通常の学級に在籍する障害のある児童生徒への支援の在り方に関する検討会議報告」を踏まえ、通級による指導の充実も含め、通常の学級に在籍する障害のある児童生徒への支援に係る方策について各教育委員会等に周知した。

　イ　障害の有無にかかわらず共に学び、生きる共生社会の実現とともに、障害のある人が、生涯にわたり自らの可能性を追求できる環境を整え、地域の一員として豊かな人生を送ることができるようにすることが重要である。平成30年3月に閣議決定された「障害者基本計画（第4次）」及び平成30年6月に閣議決定された「第3期教育振興基本計画」において、障害のある人の生涯学習の推進について初めて明記され、それぞれ現行の計画に引き継がれている。

　　文部科学省では、障害者の生涯学習の支援推進のため、調査研究による現状分析・課題整理に基づき、市町村や民間団体、大学等の多様な主体による障害児者の生涯学習プログラムの開発や、都道府県が主体となる持続可能な体制整備等に関する実践研究を実施するとともに、それらの研究成果を普及するなどして、障害者の学校から社会への移行期及び人生の各ステージにおける学びの機会充実を図っている。

　　特に、障害のある人の学びに関する普及・啓発や人材育成に向けた取組については、平成31（令和元）年度から、上記研究事業の成果の普及や、障害に関する理解の促進、

支援者同士の学び合いによる学びの場の担い手の育成、障害のある人の学びの場の拡大を目指し、「共に学び、生きる共生社会コンファレンス」を主催し、令和5年度は全国13か所において開催した。令和5年10月には、障害の有無にかかわらず共に学び、生きる共生社会の実現に向けた啓発として、「超福祉の学校@SHIBUYA～障害の有無を飛び超えて、創るフォーラム～」を、特定非営利活動法人ピープルデザイン研究所との共催で開催した。また、障害のある方の生涯学習を支える活動について他の模範と認められるものに対して、その功績を称える文部科学大臣表彰を行っている。令和5年度は、長年にわたる個人・団体の功績を称える「功労者表彰」について45件、新しいチャレンジや分野を超えた連携の成果が認められた「奨励活動表彰」について6件を表彰した。これらの多様な活動が、今後のモデルとなり各地で広く展開されていくことを期待し、ホームページで公開するとともに、注目すべき取組について動画で紹介している。

⑸ 発達障害者への支援

ア　厚生労働省では、平成19年12月に、毎年4月2日を「世界自閉症啓発デー」とする決議が国連で採択されたことを受け、一般社団法人日本自閉症協会との共催でシンポジウムを開催するなど、自閉症を始めとした発達障害に関する正しい知識の浸透を図っている。全国各地においても、世界自閉症啓発デーや4月2日から8日までの「発達障害啓発週間」において、様々な啓発活動が実施されている。

　また、「発達障害情報・支援センター」を設置し、発達障害者支援に関する調査・研究及び支援手法の普及や国民の理解の促進を図っている。発達障害者の暮らしや支援に関連する教育や福祉、医療、保健、労働等、様々な分野にまたがる情報を国民へ提供するため、発達障害ナビポータル（https://hattatsu.go.jp/）を、文部科学省と厚生労働省の協力の下、発達障害教育推進センター（独立行政法人国立特別支援教育総合研究所）と発達障害情報・支援センター（国立障害者リハビリテーションセンター）が共同で構築し、令和3年度から運用している。発達障害ナビポータルでは、支援者向けの研修コンテンツや当事者・家族向け情報検索ツールの公開、外国にルーツを持つ発達障害児と家族への情報提供、災害時の発達障害児者支援に関する情報発信等を行っている。

　近年の共生社会の実現に向けた新たな取組が進められている状況に鑑み、発達障害者の支援をより一層充実させるための所要の処置を講じる「発達障害者支援法の一部を改正する法律」（平成28年法律第64号）が平

ポスター「世界自閉症啓発デー」

発達障害ナビポータル

成28年5月25日に成立した。本改正により、国及び地方公共団体がライフステージを通じた切れ目のない支援を実施することや、家族等も含めたきめ細やかな支援を推進し、発達障害者及びその家族が身近な場所で支援が受けられる体制を構築することなどが定められた。

イ　発達障害の可能性も含め、特別な教育的支援を必要とする児童生徒が通常の学級にも一定の割合で在籍していることが令和4年に実施した調査で明らかになった。そのため、そうした支援を必要とする児童生徒を早期に発見し、切れ目ない支援を行うことが大切であるとともに、全ての教師が発達を含む障害に関する一定の知識・技能を有していることが必要とされている。

　　文部科学省では、小・中学校、高等学校等における発達障害の可能性のある児童生徒等に対する支援の充実につなげるため、上記4(4)アの取組に加え、令和5年度から、児童生徒が在籍する学校において専門性の高い通級による指導を受けられるよう、通級による指導の対象となっている児童生徒にとって効果的かつ効率的な通級による指導の実施に向けたモデル構築や、管理職も含めた全ての教員が発達障害を含む特別支援教育に取り組んでいくため、管理職を始めとする教員の理解啓発・専門性向上のための体制構築等に関する研究を実施している。本事業を通して得られた成果について、今後取りまとめ、周知を図る予定である。

(6)　障害のある人の雇用の促進等

ア　障害のある人の雇用については、「障害者の雇用の促進等に関する法律」（昭和35年法律第123号。以下「障害者雇用促進法」という。）等に基づき、職業を通じた社会参加を進めていくことができるよう、各般の施策を推進してきた。

　　平成25年の障害者雇用促進法改正では、雇用の分野における障害者に対する差別の禁止及び障害者が職場で働くに当たっての支障を改善するための措置を規定し、平成27年3月には「障害者に対する差別の禁止に関する指針」及び「雇用の分野における障害者と障害者でない者との均等な機会の確保等に関する指針」の策定等を行うことで、障害者と障害者でない者との均等な機会及び待遇の確保並びに障害者の有する能力の有効な発揮を図ってきた。

　　令和4年の障害者雇用促進法改正では、多様な就労ニーズへの対応や雇用の質の向上の推進を図る観点から、事業主の責務として、障害者の職業能力の開発及び向上に関する措置を行うことの明確化、特に短い時間（週所定労働時間10時間以上20時間未満）で働く重度の障害者及び精神障害者の実雇用率における算定、雇入れや雇用継続を図るために必要な一連の雇用管理に関する相談援助の支援や加齢に伴い職場への適応が困難となった障害者への雇用継続の支援に関する助成金の新設等が盛り込まれ、令和5年4月以降、順次施行されている。

　　これらに加え、厚生労働省では、ハローワークが中心となって、地域の関係機関と

連携し、障害のある人と事業主双方に対して、就職準備段階又は募集の準備段階から職場定着までの一貫したチーム支援、障害者就業・生活支援センターにおける就業面と生活面の一体的な支援、精神障害者、発達障害者、難病患者等の多様な障害特性に対応した就労支援等を実施している。

イ　障害のある人が日頃培った技能を互いに競い合うことにより、その職業能力の向上を図るとともに、企業や社会一般の人々が障害のある人に対する理解と認識を深め、その雇用の促進を図ることを目的として、「全国障害者技能競技大会」（アビリンピック）を開催している。

　直近では、令和5年11月17日から19日までの間、独立行政法人高齢・障害・求職者雇用支援機構の主催により、第43回大会が愛知県で開催された。

(7)　障害者虐待防止の取組

　障害のある人に対する虐待を防止することは尊厳の保持のために極めて重要であることに鑑み、「障害者虐待の防止、障害者の養護者に対する支援等に関する法律」（平成23年法律第79号。以下「障害者虐待防止法」という。）が平成24年10月に施行された。

　同法においては、何人も障害者を虐待してはならないことや、虐待を受けたと思われる障害者を発見した場合には速やかに通報すること等が規定されている。地方公共団体は障害者虐待の対応窓口となる「市町村障害者虐待防止センター」や「都道府県障害者権利擁護センター」としての機能を果たすこととされており、各センターでは、障害者虐待の通報・届出の受理に加え、相談や指導・助言を行うほか、国民の理解の促進を図るため、障害者虐待防止の広報・啓発等を行っている。

　厚生労働省では、地方公共団体が関係機関との連携の下、障害者虐待の未然防止や早期発見、迅速な対応等を行えるよう、障害者虐待防止対策支援等の施策を通じて、支援体制の強化や地域における関係機関等との協力体制の整備等を図るとともに、障害のある人の権利擁護等に係る各都道府県における指導的役割を担う者の養成研修等を実施している。

　また、障害者虐待防止法の一層の広報・啓発を目的としてパンフレットを作成し、ホームページで公開している。

わかりやすい障害者虐待防止法
パンフレット

(8)　旧優生保護法に関する取組

　昭和23年に制定され、平成8年に廃止された旧優生保護法に基づき、多くの方々が、特定の疾病や障害を有すること等を理由として、生殖を不能にする手術又は放射線の照

射を強いられ、心身に多大な苦痛を受けてきたことに対し、平成31年4月24日に、議員立法により「旧優生保護法に基づく優生手術等を受けた者に対する一時金の支給等に関する法律」（平成31年法律第14号。以下「一時金支給法」という。）が成立し、公布・施行された。

また、同日、内閣総理大臣談話及び厚生労働大臣談話において、多くの方々が生殖を不能にする手術等を受けることを強いられ、心身に多大な苦痛を受けてきたことに対し、政府としての深い反省とおわびが示された。

さらに、一時金支給法による一時金の請求期限（施行より5年）を迎える前に、議員立法により、一時金の請求期限を5年間延長し、令和11年4月23日までとする内容を盛り込んだ「旧優生保護法に基づく優生手術等を受けた者に対する一時金の支給等に関する法律の一部を改正する法律」（令和6年法律第12号）が、令和6年3月29日に成立し、令和6年4月5日に公布・施行されている。

こども家庭庁では、同法に基づき、旧優生保護法に基づく優生手術等を受けた方に対して、一時金の支払を行っている。また、一時金の支給対象者が確実に請求を行うことができるよう、手話・字幕付きの動画や点字版リーフレット、特設サイト、新聞広告等による周知広報を実施するとともに、都道府県及び関係団体に対して積極的な周知広報を依頼する等、制度の周知に取り組んでいる。

(9) 障害者権利条約の締結及び周知

我が国は、平成26年1月20日に「障害者の権利に関する条約」（平成26年条約第1号）を締結した。同条約は、障害のある人の人権や基本的自由を確保し、障害のある人の固有の尊厳の尊重を促進するため、障害のある人の権利の実現のための措置等を規定し、市民的・政治的権利、教育・保健・労働・雇用の権利、社会保障、余暇活動へのアクセスなど、様々な分野における取組を締約国に対して求めている。同条約では、各締約国が、「条約に基づく義務を履行するためにとった措置及びこれらの措置によりもたらされた進歩に関する包括的な報告」を障害者権利委員会に提出することを定めており（第35条）、特に初回の報告については、条約発効後2年以内の提出が求められている。我が国も、障害者政策委員会における議論やパブリックコメントを踏まえて第1回政府報告を作成し、平成28年6月に提出した。令和4年8月22日及び23日、国連欧州本部（スイス（ジュネーブ））にて、我が国に対する同条約の第1回政府報告の対面審査が行われた。これを踏まえた障害者権利委員会による総括所見については、同年9月9日にアドバンス版が公表され、その後、同年10月7日に確定版が公表されている。

また、同条約の実施のためには、障害のある人に関する社会全体の意識向上が重要であり、外務省では、関係府省庁とも連携し、障害当事者を含む国民全体に対し、条約の概要や意義等について、分かりやすく、利用しやすいパンフレットやホームページの作成を通じて広報している。

⑽　障害のある人の人権をめぐる人権侵害事案に対する適切な対応

　法務省の人権擁護機関では、全国の法務局・地方法務局又はその支局において、人権相談に応じており、全国共通人権相談ダイヤル「みんなの人権110番」（ナビダイヤル0570-003-110（全国共通））を設置している。また、特別支援学校高等部卒業予定者や障害のある人に接する機会が多い社会福祉事業従事者等に対し、人権相談を広報するためのリーフレットを配布したほか、障害者支援施設等の社会福祉施設において、入所者及びその家族が気軽に相談することができるよう、特設の人権相談所を開設するなどして、相談体制の一層の強化を図っている。人権相談等を通じて、障害のある人に対する差別、虐待等の人権侵害の疑いのある事案を認知した場合は、人権侵犯事件として調査を行い、事案に応じた適切な措置を講じている。

人権侵犯事件数（開始件数）	令和元年	令和2年	令和3年	令和4年	令和5年
障害のある人に対する差別待遇	163	125	112	107	149
障害者福祉施設における人権侵犯	38	28	22	27	31

（法務省人権擁護局の資料による）

トピックス

障害者関係の法改正の動向

○　障害者差別解消法の改正について

　全ての国民が、障害の有無によって分け隔てられることなく、相互に人格と個性を尊重し合いながら共生する社会を実現するためには、日常生活や社会生活における障害者の活動を制限し、社会への参加を制約している社会的障壁を取り除くことが重要です。このため、「障害者差別解消法」では、行政機関等や事業者に対して、障害者への「障害を理由とする不当な差別的取扱い」を禁止するとともに「合理的配慮の提供」を求め、これらの措置等を通じて、障害者が社会で提供されている様々なサービスや機会にアクセスし、社会に参加できるようにすることで、共生社会の実現を目指すこととしています。

1．改正のポイント

　　障害を理由とする差別の解消の一層の推進を図るため、令和6年4月1日から事業者に対し社会的障壁の除去の実施について必要かつ合理的な配慮をすることを義務付けるとともに、行政機関相互間の連携の強化を図るほか、障害を理由とする差別を解消するための支援措置を強化する措置を講ずることとしました。

⑴　事業者による社会的障壁の除去の実施に係る必要かつ合理的な配慮の提供の義務化

　　事業者による社会的障壁（障害がある者にとって日常生活又は社会生活を営む上で障壁となるような社会における事物、制度、慣行、観念その他一切のも

の）の除去の実施に係る必要かつ合理的な配慮の提供について、現行の努力義務から義務へと改める。

(2) 国及び地方公共団体の連携協力の責務の追加

国及び地方公共団体は、障害を理由とする差別の解消の推進に関して必要な施策の効率的かつ効果的な実施が促進されるよう、適切な役割分担を行うとともに、相互に連携を図りながら協力しなければならないものとする。

(3) 障害を理由とする差別を解消するための支援措置の強化

①基本方針に定める事項として、障害を理由とする差別を解消するための支援措置の実施に関する基本的な事項を追加する。

②国及び地方公共団体が障害を理由とする差別に関する相談に対応する人材を育成し又はこれを確保する責務を明確化する。

③地方公共団体は、障害を理由とする差別及びその解消のための取組に関する情報（事例等）の収集、整理及び提供に努めるものとする。

２．施行に向けた取組

事業者による合理的配慮の提供の義務化等を内容とする改正法の円滑な施行のためには、相談体制の充実や事業者等が適切に対応・判断するための指針、参考にできる事例の収集・提供等が非常に重要であることから、内閣府では、各省庁に対し、事業分野ごとのきめ細やかな対応ができるよう、「障害を理由とする差別の解消の推進に関する基本方針」を踏まえた各省庁における対応指針の改定や、事業分野ごとの相談窓口の明確化を働き掛けました。また、内閣府では、改正法を踏まえた地方公共団体の職員に対する研修や事業者を対象とした説明会を開催し、令和５年10月から障害のある人や事業者、地方公共団体等からの障害者差別に関する相談に対して、法令の説明や適切な相談窓口につなぐ役割を担う相談窓口の試行事業「つなぐ窓口」を設置し、取組を進めています。

事業者説明会チラシ

「つなぐ窓口」リーフレット

○　精神保健福祉法の改正について

　「精神保健及び精神障害者福祉に関する法律」（昭和25年法律第123号。以下「精神保健福祉法」という。）は、障害者基本法の基本的な理念にのっとり、精神障害者の権利の擁護を図りつつ、精神障害者の医療及び保護を行い、「障害者の日常生活及び社会生活を総合的に支援するための法律」（平成17年法律第123号）と相まって精神障害者の社会復帰の促進及びその自立と社会経済活動への参加の促進のために必要な援助を行い、精神障害の発生の予防その他国民の精神的健康の保持及び増進に努めることで、精神障害者の福祉の増進及び国民の精神保健の向上を図ることを目的とする法律です。

1．改正のポイント

　　精神保健福祉法の一部改正を含む「障害者の日常生活及び社会生活を総合的に支援するための法律等の一部を改正する法律」（令和4年法律第104号）が令和4年12月に公布され、精神保健福祉法については主に以下の内容が新たに定められました。これらについては令和6年4月1日から施行されています。

(1)　医療保護入院の入院期間の法定化

　　医療保護入院の入院期間を法定化し、要件を満たした場合に限り入院期間を更新できることとする。

(2)　精神科病院での虐待の通報制度の新設

　　精神科病院の業務従事者からの患者に対する虐待について、虐待を発見した者からの通報及び患者からの届出等の制度を整備するとともに、業務従事者が虐待通報を理由として不利益な取扱いを受けないことを明確化する。

(3)　入院者訪問支援事業の新設

　　市町村同意による医療保護入院者を中心に、本人の希望により入院者訪問支援員が精神科病院を訪問し、本人の話を丁寧に聴くとともに、必要な情報提供等を行う「入院者訪問支援事業」を新設する。

2．施行に向けた取組

　　改正精神保健福祉法の円滑な施行のため、厚生労働省では、関係省令・通知を改正するとともに、地方公共団体を対象とした説明会の開催のほか、入院者訪問支援事業の実施に向けて、地方公共団体に対する研修等を通じ、本事業の趣旨を説明し、都道府県等の事業実施を促しているところです。

　　また、精神科病院等において患者等への周知が広く行われるよう、改正内容を周知するためのポスターを作成しました。

院内周知用ポスター

5　部落差別（同和問題）

　部落差別（同和問題）は、日本社会の歴史的過程で形作られた身分差別により、日本国民の一部の人々が、長い間、経済的、社会的、文化的に低い状態に置かれることを強いられ、同和地区と呼ばれる地域の出身者であること等を理由に結婚を反対されたり、就職等の日常生活の上で差別を受けたりするなどしている、我が国固有の人権問題である。

　この問題の解決を図るため、国は、地方公共団体と共に、昭和44年から33年間、特別措置法に基づき、地域改善対策を行ってきた。その結果、同和地区の劣悪な環境に対する物的な基盤整備は着実に成果を上げ、一般地区との格差は大きく改善された。

　しかしながら、インターネット上の差別書き込み等の事案は依然として存在している。

　部落差別（同和問題）については、部落差別解消推進法及び附帯決議のほか、「部落差別の実態に係る調査結果報告書」の調査結果（令和2年6月）（https://www.moj.go.jp/JINKEN/jinken04_00127.html）を踏まえ、的確に対応していく必要がある。

⑴　部落差別（同和問題）の解消に向けた啓発活動

　法務省の人権擁護機関では、「部落差別（同和問題）を解消しよう」を強調事項の一つとして掲げ、講演会等の開催、啓発冊子の配布等、各種人権啓発活動を実施している。

　また、「部落差別解消推進法リーフレット」の配布や、啓発動画「人権アーカイブ・シリーズ『同和問題〜過去からの証言、未来への提言〜』／『同和問題　未来に向けて』」の全国の法務局・地方法務局における貸出し、YouTube法務省チャンネルでの配信を行っている。

　さらに、様々な人権問題を自分の問題として考えることを呼び掛ける啓発動画「『誰か』のこと　じゃない。（部落差別（同和問題）編）」や、スポット映像「出身地等の差別」編をYouTube法務省チャンネルで配信している。

啓発動画「『誰か』のこと　じゃない。」

⑵　学校教育・社会教育を通じた部落差別（同和問題）の解消に向けた取組

　文部科学省では、各都道府県教育委員会等の人権教育担当者を対象とした会議や独立行政法人教職員支援機構が実施する人権教育推進研修等において、部落差別解消推進法

の趣旨や部落差別（同和問題）を解消するための教育活動等について情報提供するなど、各種機会を通じて周知を図っている。

　また、社会教育では、専門的職員である社会教育主事の資格付与のための講習において、人権教育に関するプログラムを実施しており、人権教育の着実な推進を図っている。

⑶　公正な採用選考システムの確立

　厚生労働省では、企業の採用選考に当たって、人権に配慮し、応募者の適性・能力に基づいた基準により採否を決める公正な採用選考システムの確立が図られるよう、雇用主に対して、以下の啓発に取り組んだ。

① 事業所における公正な採用選考システムの確立について、中心的な役割を果たす「公正採用選考人権啓発推進員」を、一定規模以上の事業所に配置するとともに、各労働局及びハローワークが、同推進員に対して研修会を開催

② 従業員の採用選考に影響力のある企業トップクラスに対する研修会を開催

③ 公正な採用選考についてのパンフレット、リーフレット、ポスター、カレンダー等、各種啓発資料を作成し、事業所に配布

④ 公正採用選考に関する特設ウェブサイトの運用、公正採用選考について解説した啓発用動画の掲載

⑤ 中学校、高等学校、大学等の卒業予定者に係る採用選考に合わせて、新聞広報等を通じた啓発活動を実施

パンフレット
「公正な採用選考をめざして」

ポスター
「その質問　面接で必要？」

⑷　農漁協等関係農林漁業団体職員に対する啓発活動

　農林水産省では、農林漁業や農山漁村における部落差別（同和問題）を始めとした広範な人権問題に関する啓発活動を積極的に推進するため、都道府県を通じて農漁協等関係農林漁業団体の職員に対する研修等を実施するとともに、全国農林漁業団体が当該職員等を対象に行う同様の研修等に対する支援を実施した。

⑸　隣保館における活動の推進

厚生労働省では、生活上の各種相談事業や人権課題の解決のための各種事業を実施している隣保館の事業に対し支援を行っている。

⑹　不動産取引業者に対する指導及び人権問題に関する研修の実施

国土交通省では、不動産業の業界団体に対し通知を発出し、人権問題に関する教育・啓発活動の一層の推進、事業者に対する周知徹底・指導等を要請している。また、宅地建物取引士の法定講習科目に人権問題を設定し、部落差別（同和問題）を含めた宅地建物取引業における人権問題に関する教育・啓発を実施している。

⑺　えせ同和行為の排除に向けた取組

部落差別（同和問題）を口実にして企業や官公署等に不当な利益や義務のないことを求めるえせ同和行為は、部落差別（同和問題）の解消を阻む要因となっている。政府は、えせ同和行為を排除するため、関係府省庁の参加する「えせ同和行為対策中央連絡協議会」を設置し、政府一体となってえせ同和行為の排除の取組を行っている。

ア　法務省では、えせ同和行為の実態を把握するため、昭和62年以降11回にわたりアンケート調査を実施しており、直近の平成30年度の調査結果を法務省ホームページで公表している（https://www.moj.go.jp/content/001290375.pdf）。また、えせ同和行為への具体的な対応に関する手引を作成し、全国の法務局・地方法務局で配布するとともに、法務省ホームページで公表している（https://www.moj.go.jp/content/001361670.pdf）。

さらに、地方においても、全国50の法務局・地方法務局を事務局として組織されている「えせ同和行為対策関係機関連絡会」に、令和6年4月現在で1,098の国の機関、地方公共団体、弁護士会等が参加し、随時、情報交換のための会議を開くなど、様々な取組を展開している。

加えて、えせ同和行為を含めた各種人権問題について解説した啓発冊子及び啓発動画「企業と人権～職場からつくる人権尊重社会～」を作成し、全国の法務局・地方法務局での配布や貸出し、YouTube法務省チャンネルでの配信等を行っている。

	令和元年度	令和2年度	令和3年度	令和4年度	令和5年度
えせ同和行為に関する相談件数	5	7	11	8	10

（法務省人権擁護局の資料による）

要求の内容	物品	示談金	融資	寄付金	賛助金	契約	下請	講演会	その他	合計
令和5年度	2	0	0	0	0	1	1	1	5	10
令和4年度	2	0	0	2	0	1	0	0	3	8
令和3年度	3	0	1	2	0	2	0	0	3	11
令和2年度	6	0	0	0	0	0	1	0	0	7
令和元年度	2	1	0	0	0	0	0	1	1	5

（法務省人権擁護局の資料による）

イ　都道府県警察においても、関係機関と連携して、違法行為の取締り等、えせ同和行為の排除対策を推進している。

ウ　経済産業省では、中小企業・小規模事業者等に対して「えせ同和行為をはじめとする不当要求行為対策セミナー」を開催するとともに、えせ同和行為対策に関するリーフレットを配布した。

⑻　部落差別（同和問題）をめぐる人権侵害事案に対する適切な対応

法務省の人権擁護機関では、部落差別（同和問題）をめぐる人権侵害事案に対し、人権相談及び人権侵犯事件の調査・処理を通じ、その被害の救済及び予防を図っている。取り分け、結婚差別、差別発言等を人権擁護上見過ごすことができない事象として捉え、行為者や関係者に対して人権尊重の意識を啓発することによって、自発的・自主的に人権侵害の事態を改善、停止、回復させ、あるいは、将来再びそのような事態が発生しないよう注意を喚起している。

また、関係行政機関からの通報等により、インターネット上で特定の地域を同和地区であると指摘するなどの内容の情報を認知した場合は、その情報の削除をプロバイダ等に要請するなどしている。

人権侵犯事件数（開始件数）	令和元年	令和2年	令和3年	令和4年	令和5年
部落差別（同和問題）に関する人権侵犯	221	244	308	433	448

（法務省人権擁護局の資料による）

▶ 6 アイヌの人々

アイヌの人々は、固有の言語や伝統的な儀式・祭事、「ユカ_ラ」などの多くの口承文芸等、独自の豊かな文化を持っているが、近世以降のいわゆる同化政策等により、今日では、その文化の十分な保存・伝承が図られているとは言い難い状況にある。特に、母語としてアイヌ語を理解し、アイヌの伝統等を担う人々の高齢化が進み、これらを次の世代に継承していく上での重要な基盤が失われつつある。

アイヌの人々が民族としての誇りを持って生活することができ、その誇りが尊重される社会の実現に向けて、アイヌ政策を総合的かつ継続的に実施していく必要がある。

⑴ アイヌの人々に関する総合的な政策の推進

政府は、国連総会で採択された「先住民族の権利に関する国際連合宣言」（平成19年9月）や衆参両院の「アイヌ民族を先住民族とすることを求める決議」（平成20年6月）を受けて内閣官房長官が開催した「アイヌ政策のあり方に関する有識者懇談会」による報告（平成21年7月）を踏まえ、総合的かつ効果的なアイヌ政策を推進している。

平成31年4月には、「アイヌの人々の誇りが尊重される社会を実現するための施策の推進に関する法律」（平成31年法律第16号。以下「アイヌ施策推進法」という。）が成立し、令和元年5月に施行された。政府は、同法に基づき、従来の文化振興や福祉政策に加え、地域振興、産業振興、観光振興等を含めた市町村の取組をアイヌ政策推進交付金により支援するとともに、内閣官房長官を本部長とするアイヌ政策推進本部会合を開催するなど、アイヌ政策を総合的かつ効果的に推進している。

令和2年7月には、アイヌ文化の復興・創造等の拠点として、北海道白老郡白老町のポロト湖畔に「民族共生象徴空間」（愛称：ウポポイ）が開業しており、令和5年度は約33万人が来場した。

⑵ アイヌ文化の振興、アイヌの伝統等に関する知識の普及啓発

文化庁や国土交通省等では、アイヌ施策推進法に基づき、公益財団法人アイヌ民族文化財団が行うアイヌ文化の振興等に係る事業に対して助成等を行った。

また、アイヌ語の保存・継承及び学習に資するアーカイブ作成のために、文化庁では、平成27年度から「アイヌ語のアーカイブ作成支援事業」及び「アイヌ語アナログ音声資料のデジタル化事業」を実施している。さらに、アイヌ語を含む我が国の言語・方言の置かれている危機的な状況等を周知して危機的な状況の改善に資するために、「危機的な状況にある言語・方言サミット」を平成27年度から開催している。令和5年度は、沖縄県八重山郡与那国町（与那国島）において、対面式で開催した。

⑶ アイヌ関係の文化財の保護等に関する取組

　文化庁では、「文化財保護法」（昭和25年法律第214号）に基づき、アイヌの有形及び無形の民俗文化財について、北海道教育委員会が行う調査事業、伝承・活用等に係る経費への補助を行った。

⑷　アイヌの人々に対する偏見・差別の解消に向けた取組

　アイヌ施策推進法では、アイヌの人々に対する差別の禁止に関する基本理念が定められている。

　法務省の人権擁護機関では、「アイヌの人々に対する偏見や差別をなくそう」を強調事項の一つとして掲げ、アイヌの人々に対する国民の理解を促すよう、インターネット広告に加え、アイヌの人々の人権に関する啓発動画「アコロ青春　a=kor　アコロ〔アイヌ語で「私たちの」〕」をYouTube法務省チャンネルで配信するなどの各種人権啓発活動を実施している。本啓発動画について、令和5年6月、内閣官房、法務省、国土交通省及び文化庁は、文部科学省を通じ、各都道府県教育委員会等に対し、北海道への遠足・修学旅行等の事前学習教材として活用するよう依頼を行った。

　また、アイヌの人々に関する人権相談について、法務局と北海道との連携体制を構築している。さらに、令和4年5月から人権教育啓発推進センターが実施する「アイヌの方々のための相談事業」について、法務省の人権擁護機関との連携を開始した。

啓発動画
「アコロ青春　a=kor　アコロ
〔アイヌ語で「私たちの」〕」

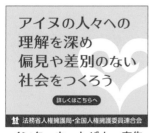

インターネットバナー広告

⑸　学校教育におけるアイヌに関する学習の推進

　中学校学習指導要領では、社会科において、鎖国下の対外関係に関する学習で北方との交易をしていたアイヌについて取り扱う際に、「アイヌの文化についても触れる」ことが明記されている。また、小学校学習指導要領では、社会科において、歴史学習全体を通して、我が国は長い歴史を持ち伝統や文化を育んできたことを学習することとしており、同解説において、その学習の際には、「現在の北海道などの地域における先住民族であるアイヌの人々には独自の伝統や文化があることに触れるようにする」ことが明記されている。

　さらに、高等学校学習指導要領では、必履修科目である「歴史総合」において、18世紀のアジアの経済と社会を理解する学習で「北方との交易をしていたアイヌについて触れること」や、その際、「アイヌの文化についても触れること」が明記されている。各

学校においては、これらの学習指導要領に基づき、アイヌに関する指導が行われている。

(6) 各高等教育機関等におけるアイヌ語等に関する取組への配慮

北海道の大学を中心に、アイヌ語等に関する授業科目が開設されるなど、アイヌ語等に関する教育・研究を行っている。

(7) 生活館における活動の推進

厚生労働省では、地域住民に対し、生活上の各種相談を始め、アイヌの人々に対する理解を深めるための広報・啓発活動等を総合的に実施している生活館の事業に対し支援を行っている。

(8) 農林漁業経営の近代化を通じた理解の増進

歴史的な特殊事情等により、アイヌ住民居住地区における農林漁業は、他の地区に比べて経営規模が零細で生産性が低く、所得及び生活水準に格差が見られる。このため、農林水産省では、アイヌ住民居住地区において、地域住民が一体となって行う農林漁業経営の近代化を支援しており、このような取組を通じて、アイヌ農林漁家に対する理解の増進を図っている。

(9) アイヌの人々の人権をめぐる人権侵害事案に対する適切な対応

法務省の人権擁護機関では、全国の法務局・地方法務局又はその支局や特設の人権相談所において人権相談に応じている。人権相談等を通じて、アイヌの人々に対する差別等の人権侵害の疑いのある事案を認知した場合は、人権侵犯事件として調査を行い、事案に応じた適切な措置を講じている。

人権侵犯事件数（開始件数）	令和元年	令和2年	令和3年	令和4年	令和5年
アイヌの人々に対する差別待遇	0	0	0	1	6

（法務省人権擁護局の資料による）

7　外国人

　我が国が締約国となっている「あらゆる形態の人種差別の撤廃に関する国際条約」（平成7年条約第26号。以下「人種差別撤廃条約」という。）は、人権及び基本的自由の平等を確保するため、あらゆる形態の人種差別を撤廃する政策等を全ての適当な方法により遅滞なくとること等を主な内容とする。

　我が国に入国する外国人は、近年、新型コロナウイルス感染症拡大の影響により減少していたが、令和4年3月以降、水際対策を段階的に緩和したことにより、令和5年には約2,583万人（再入国者を含む。）と前年に比べ約2,163万人増加した。また、我が国に在留する外国人数は約341万人（令和5年末現在）で、過去最高となっている。こうした中、言語、宗教、習慣等の違いから、外国人をめぐって様々な人権問題が発生している。

　また、特定の民族や国籍の人々を排斥する差別的言動がいわゆるヘイトスピーチであるとして社会的に関心を集めたことから、平成28年6月3日にヘイトスピーチ解消法が施行されたが、今もなお、個人や企業等により差別的言動がなされる事案が報道されるなどしている。

　我が国では、外国人がその保護する子を公立の義務教育諸学校に就学させることを希望する場合には無償で受け入れ、教科書の無償給与や就学援助を含め、日本人と同一の教育を受ける機会を保障しており、外国人のこどもが公立学校に就学しやすい環境を整備している。

　令和5年5月現在、我が国の公立の小・中・高等学校等に在籍する外国人児童生徒の数は12万9,449人（文部科学省「学校基本統計」、毎年実施）である。

　また、令和3年5月現在、日本語指導が必要な外国籍の児童生徒の数は、4万7,619人（同「日本語指導が必要な児童生徒の受入状況等に関する調査」、隔年実施）となっており、平成30年度調査より6,864人（約16.8％）増加している。

　さらに、同年に実施した学齢相当の外国人のこどもの就学状況に関する全国的な調査では、約1万人の外国人のこどもたちが就学していない可能性がある、又は就学状況が確認できていない状況にあるという結果が示されている。

⑴　外国人に対する偏見・差別を解消し、国際化時代にふさわしい人権意識の育成を目指した啓発活動

　ア　法務省の人権擁護機関では、「外国人の人権を尊重しよう」を強調事項の一つとして掲げ、講演会等の開催、啓発冊子の配布等、各種人権啓発活動を実施している。

　　　また、外国人の人権に関する理解や関心を深めることを目的とする啓発動画「外国人と人権〜違いを認め、共に生きる〜」及び「企業と人権〜職場からつくる人権尊重社会〜」や、様々な人権問題を自分の問題として考えることを呼び掛ける啓発動画「『誰か』のこと　じゃない。（外国人編）」など外国人を含む全ての人の人権が尊重さ

れる社会の実現を訴える啓発動画をYouTube法務省チャンネルで配信したほか、外国人の人権問題を含めた職場における各種人権問題について解説した啓発冊子を全国の法務局・地方法務局で配布している。

　令和６年２月３日には、「共生社会と人権に関するシンポジウム～多様性と包摂性のある社会を目指して～」をオンライン開催し、共生社会の実現をテーマとして、外国人雇用に積極的な企業の取組を紹介するとともに、その内容を広く周知するため、採録記事を作成して新聞広告を実施した。

啓発動画「『誰か』のこと　じゃない。」

「共生社会と人権に関するシンポジウム」
採録記事（毎日新聞）

イ　文部科学省では、平成28年度には、ヘイトスピーチ解消法が施行されたことを踏まえ、外国人の人権尊重に関する実践事例を収集し、その結果を文部科学省ホームページに掲載したほか、各都道府県教育委員会等の人権教育担当者を対象とした会議や独立行政法人教職員支援機構が実施する人権教育推進研修等において、ヘイトスピーチ解消法の趣旨や不当な差別的言動を解消するための教育活動等について情報提供するなど、各種機会を通じて周知を図っている。

ウ　厚生労働省では、例年６月を「外国人労働者問題啓発月間」とし、労働条件等のルールにのっとった外国人雇用等について、事業主等に対し、周知・啓発を行っている。令和５年においては、「誰もが活躍できる職場づくりを進めよう～外国人雇用はルールを守って適正に～」を標語に、集中的に啓発・指導等を行った。

エ　国土交通省では、外国人を含む住宅確保要配慮者の入居を拒まないセーフティネット登録住宅の推進や入居者負担の軽減等を講ずるとともに、賃貸人や仲介業者向けの実務対応マニュアルや外国語版の賃貸住宅標準契約書等を内容とする「外国人の民間賃貸住宅入居円滑化ガイドライン」等について、不動産関係団体と連携し普及を図っている。

オ　平成30年８月、ジュネーブにおいて、我が国が人種差別撤廃条約に基づき国連に提出した第10回・第11回政府報告に関し、人種差別撤廃委員会による審査が行われ、同審査を受けて令和元年９月に採択された総括所見に対し、我が国は採択後１年以内のフォローアップ情報を回答した。

(2)　ヘイトスピーチに焦点を当てた啓発活動

ア　法務省の人権擁護機関では、ヘイトスピーチに焦点を当てた啓発活動として、これ
までの「外国人の人権」をテーマにした啓発に加え、ヘイトスピーチがあってはなら
ないということの理解を促進するための人権啓発活動や、ヘイトスピーチによる被害
等の人権問題に関する相談窓口の周知広報にも積極的に取り組んでいる。

具体的には、啓発冊子「私たちの身近にあるヘイトスピーチ」の一部改訂、英語版
の啓発動画の制作等に取り組んだ。このほか、ポスター・リーフレットによる啓発や
インターネットバナー広告を実施したり、スポーツイベントと連携したりするなどし
た人権啓発活動を実施した。

また、法務省ホームページ（https://www.moj.go.jp/JINKEN/jinken04_00108.html）
において、特定の民族や国籍の人々を排斥する差別的言動の例を挙げつつ、上記取組
や、法務局・地方法務局におけるヘイトスピーチに焦点を当てた人権啓発活動等につ
いて紹介するほか、SNSにおいて定期的にコラムを配信するなどの情報発信等を実施
している。

さらに、令和5年10月26日に、人権教育・啓発中央省庁連絡協議会ヘイトスピーチ
対策専門部会を開催し、関係省庁及び地方公共団体との間で、インターネット上のヘ
イトスピーチの解消に向けた取組について情報共有を行った。

イ　警察では、ヘイトスピーチ解消法の施行を踏まえ、警察職員に対する教養を推進す
るとともに、他機関から各種広報啓発活動等への協力依頼があった場合にはこれに積
極的に対応するなどにより、不当な差別的言動の解消に向けた取組に寄与すること
としている。

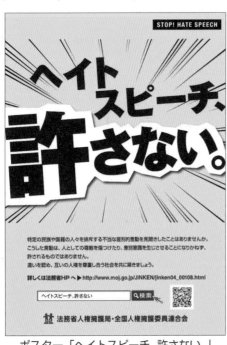

ポスター「ヘイトスピーチ、許さない。」

啓発動画
「ヘイトスピーチ、許さない。
（インターネット編）」

法務局におけるヘイトスピーチに
焦点を当てた人権啓発活動

(3)　学校等における国際理解教育及び外国人のこどもの教育の推進

　国際社会においては、こどもたちが広い視野を持って異文化を理解し、習慣や文化の異なる人々と共に生きていくための資質・能力を育成することが重要である。こうした観点から、現在、各学校において、各教科等を通じて国際理解教育が行われている。

　文部科学省では、毎年、全国の都道府県・指定都市教育委員会担当者を集めた連絡協議会を開催しており、教育を取り巻く現状を知るとともに、取組の進んだ学校の実践事例を共有するなど、国際理解教育及び外国人のこどもの教育の推進に努めている。

　また、外国人児童生徒等教育の充実に関しては、平成31年4月に中央教育審議会に対し、新しい時代の初等中等教育の在り方について諮問が行われ、増加する外国人児童生徒等への教育の在り方についても検討し、令和3年1月26日に「『令和の日本型学校教育』の構築を目指して～全ての子供たちの可能性を引き出す、個別最適な学びと、協働的な学びの実現～（答申）」が取りまとめられた。また、「日本語教育の推進に関する施策を総合的かつ効果的に推進するための基本的な方針」（令和2年6月23日閣議決定）に基づき、外国人のこどもの就学促進等について地方公共団体が講ずべき事項を取りまとめた「外国人の子供の就学促進及び就学状況の把握等に関する指針」を策定し、同年7月に地方公共団体に通知した。これらの取組に加え、以下の施策を進めている。

①　日本語指導が必要な児童生徒を対象とした「特別の教育課程」の編成・実施の推進（「学校教育法施行規則」（昭和22年文部省令第11号）の一部改正（義務教育段階：平成26年1月14日公布、同年4月1日施行。高等学校段階：令和4年3月31日公布、令和5年4月1日施行））

②　平成29年3月の「公立義務教育諸学校の学級編制及び教職員定数の標準に関する法律」（昭和33年法律第116号）の改正により、外国人児童生徒等教育の充実のための教員定数の基礎定数化が図られ、平成29年度から令和8年度までの10年間で計画的に実施

③　各地方公共団体が行う地域人材との連携による、公立学校への受入促進・日本語指導の充実・支援体制の整備に係る取組等を支援する事業の実施

④　就学に課題を抱える外国人のこどもを対象とした、公立学校や外国人学校等への就学に必要な支援を学校外において実施する地方公共団体を補助する事業の実施

⑤　独立行政法人教職員支援機構において、外国人児童生徒等教育に関する指導者養成研修の実施

⑥　学校において児童生徒の日本語能力を把握し、その後の指導方針を検討する際の参考となる「外国人児童生徒のためのJSL対話型アセスメント～DLA～」の普及

⑦　教育委員会等が外国人児童生徒等教育に関する研修会を計画する際の参考となる「外国人児童生徒教育研修マニュアル」の普及

⑧　学校や教育委員会等が、外国人児童生徒の受入れ体制の整備を図る際の取組事項を指針として取りまとめた「外国人児童生徒受入れの手引（改訂版）」の普及

⑨　外国人児童生徒等教育を担う教員等の資質能力の向上を図るため、大学・教育委員会等の研修等で活用できる「モデルプログラム」の開発・普及

⑩　大学・教育委員会が行う外国人児童生徒等教育に関するアドバイスや教員研修の充実のため「外国人児童生徒等教育アドバイザー」の派遣の実施

⑪　外国人児童生徒等の指導を担う教師が必要な知識を得られるような研修用動画コンテンツ及び来日・帰国したばかりの外国人児童生徒等や保護者が日本での学校生活等について理解を深められるような多言語による動画コンテンツの作成

⑫　高等学校における指導体制づくり・日本語指導のカリキュラム作成のための指導資料の普及

⑬　日本語能力評価方法の改善及び児童生徒の実態把握のためのネットワーク構築に向けた調査研究事業の実施

(4)　外国人材の受入れと共生のための取組

　平成29年11月１日に施行された「外国人の技能実習の適正な実施及び技能実習生の保護に関する法律」（平成28年法律第89号。以下「技能実習法」という。）では、技能実習計画の認定制、監理団体の許可制を導入し、技能実習生の意思に反して技能実習を強制するなどの人権侵害行為についての禁止規定や技能実習生による申告に関する規定を設けた上で、違反に対する所要の罰則も規定している。また、技能実習法に基づき設立した外国人技能実習機構では、母国語相談窓口を設け、人権侵害に関する相談を含む技能実習生からの各種相談に対応するなどして、技能実習生の保護に努めている。

　また、平成31年４月１日には、生産性向上や国内人材の確保のための取組を行ってもなお人材を確保することが困難な状況にある産業上の分野において、一定の専門性・技能を有し即戦力となる外国人を受け入れていくため、在留資格「特定技能１号」及び「特定技能２号」を創設している。

　特定技能制度においても、外国人に対する人権侵害の防止が重視されており、出入国在留管理庁では、申請及び届出に係る厳格な審査・調査や受入れ機関及び登録支援機関に対する必要な指導・助言など新たな制度を適切に運用することにより、日本人と同等額以上の報酬の確保や差別的な待遇の排除に取り組むとともに、特定技能１号の外国人に対する職業生活上、日常生活上又は社会生活上の支援が着実に実施されるよう努めている。

　なお、技能実習制度及び特定技能制度については、法律の規定による検討の時期に差し掛かっており、政府は、令和６年２月９日、内閣官房長官と法務大臣が共同議長を務める「外国人材の受入れ・共生に関する関係閣僚会議」（以下「関係閣僚会議」という。）において、「技能実習制度及び特定技能制度の在り方に関する有識者会議最終報告書を踏まえた政府の対応について」（以下「政府方針」という。）を決定した。政府方針では、現行の技能実習制度を発展的に解消し、人材育成及び人材確保を目的とした育成就労制

度を創設するなど、日本人と外国人が互いに尊重し、安全・安心に暮らせる共生社会の実現を目指し、日本が魅力ある働き先として選ばれる国になるという観点に立って、地方や中小零細企業における人材確保にも留意しながら、検討を進めることとしている。同年３月15日には、政府方針等を踏まえた「出入国管理及び難民認定法及び外国人の技能実習の適正な実施及び技能実習生の保護に関する法律の一部を改正する法律案」を第213回国会へ提出した。

また、外国人の受入れに当たっては、外国人を社会の一員として受け入れ、その生活環境を整備していくことが重要であるため、平成30年12月25日に関係閣僚会議において決定された「外国人材の受入れ・共生のための総合的対応策」（以下「総合的対応策」という。）に基づき、在留外国人への情報提供・相談対応を多言語で行う一元的相談窓口を設置・運営する地方公共団体に対して外国人受入環境整備交付金による支援を行っているほか、関連施策を積極的に推進してきた（令和元年以降毎年改訂）。

さらに、令和４年６月14日、関係閣僚会議において、目指すべき外国人との共生社会のビジョン、中長期的に取り組むべき課題としての重点事項及び具体的施策を示す「外国人との共生社会の実現に向けたロードマップ」（以下「ロードマップ」という。）を決定するとともに、ロードマップを踏まえ、総合的対応策の改訂を行った。この改訂では、ロードマップの施策について単年度に実施すべき施策を示すとともに、必ずしも中長期的に取り組むべき施策でないためにロードマップには記載されていないものの、共生施策の実現のために政府において取り組むべき施策を示している。今後は、ロードマップ及び総合的対応策に基づき、政府一丸となって外国人との共生社会の実現に向けた環境整備を一層推進していくこととした。

直近では、令和５年６月９日に開催された関係閣僚会議においてロードマップ（令和５年度一部変更）を決定し、新規施策の追加のほか、有識者の意見等を踏まえた工程表の見直し等を行った。あわせて、受け入れた外国人に対する受入れ環境を更に充実させる観点とともに、ロードマップ（令和５年度一部変更）を踏まえ、総合的対応策（令和５年度改訂）を決定した。

これらのほか、ロードマップにおいて示されている「共生社会の実現に向けた意識醸成」に関する取組として、毎年１月を「ライフ・イン・ハーモニー推進月間」と定め、初回となる令和６年の推進月間では、中央イベントである「オール・トゥギャザー・フェスティバル」を同年１月21日に開催するなど、各種広報・啓発活動を重点的に実施した。

ポスター
「ライフ・イン・ハーモニー推進月間」

⑸　ウクライナ避難民に関する取組

令和4年（2022年）2月24日のロシア軍によるウクライナ侵略を受け、ウクライナから近隣国等へ多数の避難民が発生した。政府では、内閣官房長官を長とする「ウクライナ避難民対策連絡調整会議」を司令塔として、政府一体となってウクライナ避難民の円滑な受入れと生活支援等を行っている。

出入国在留管理庁では、ウクライナ避難民の方々に対し、「自力で渡航手段を確保することが困難である方々に対する渡航支援」、「就労可能な特定活動（1年）への変更を迅速に認める措置」、「ウクライナ語での相談対応を可能としたウクライナ避難民ヘルプデスクの開設」等の取組を実施しているほか、ウクライナ避難民で身寄りのない方々に対しては、一時滞在先の提供、生活費や医療費の支給を行っている。

厚生労働省では、令和4年4月から、医療機関向けの遠隔医療通訳サービスの中で、ウクライナ語については無料で利用できるよう支援を開始し、令和5年度も引き続き支援を実施したほか、令和4年6月には、医療機関向けにウクライナ語での説明資料を公開した。また、同年4月に、ウクライナ避難民の方々に向けて、出入国在留管理庁から子育て支援サービスとして、一時預かり事業、保育所、地域子育て支援拠点事業、利用者支援事業、幼稚園、児童手当を掲載したチラシを送付し案内したことを踏まえ、地方公共団体に対し、ウクライナ避難民の方々から子育て支援に関する相談を受けた場合の積極的な支援を依頼した。さらに、全国のハローワークにおいて、ウクライナ避難民への就労支援を実施しており、ウクライナ語によるハローワークの周知や外国人雇用サービスセンター（東京、名古屋、大阪、福岡）へのウクライナ語通訳の配置のほか、地方公共団体や地方出入国在留管理局等とハローワークが連携したウクライナ避難民向け就労支援セミナーの開催等に取り組んでいる。

文部科学省では、ウクライナ避難民のこどもの教育機会の確保や日本語教育の体制の整備、ウクライナ避難民への支援に関する一元的な問合せ窓口の設置等に取り組んでいる。

⑹　外国人の人権をめぐる人権侵害事案に対する適切な対応

法務省の人権擁護機関では、全国の法務局・地方法務局又はその支局や特設の人権相談所において人権相談に応じている。人権相談等を通じて、外国人であることを理由とした差別等の人権侵害の疑いのある事案を認知した場合は、人権侵犯事件として調査を行い、事案に応じた適切な措置を講じている。

日本語を自由に話すことの困難な外国人等からの人権相談については、全国の法務局・地方法務局において、「外国人のための人権相談所」を設け、約80の言語による人権相談に対応している。

また、「外国語人権相談ダイヤル」（ナビダイヤル：0570-090911（全国共通））を設置し、英語・中国語・韓国語・フィリピノ語・ポルトガル語・ベトナム語・ネパール語・スペイン語・インドネシア語・タイ語の10言語による人権相談に応じている。

さらに、「外国語インターネット人権相談受付窓口」（https://www.moj.go.jp/JINKEN/jinken21.html#01）を開設しており、上記と同様の10言語による人権相談を受け付けている。

人権侵犯事件数（開始件数）	令和元年	令和2年	令和3年	令和4年	令和5年
外国人に対する差別待遇	72	60	59	47	83

（法務省人権擁護局の資料による）

ポスター「外国語人権相談ダイヤル」

8　感染症

　HIV（ヒト免疫不全ウイルス）や肝炎ウイルス等の感染症に対する正しい知識と理解は、いまだ十分とはいえない状況にある。これらの感染症の感染者や患者、その家族等が、周囲の人々の誤った知識や偏見等により、日常生活、職場、医療現場等で差別やプライバシー侵害を受けるなどの人権問題が発生している。

　このような感染症をめぐる偏見や差別の解消のため、取組を推進していく必要がある。

⑴　エイズ患者及びHIV感染者に対する偏見・差別をなくし、理解を深めるための教育・啓発活動

　ア　厚生労働省では、エイズ患者及びHIV感染者に対する偏見・差別の解消及びエイズのまん延防止のため、12月１日の「世界エイズデー」のキャンペーンイベントとして、令和５年12月１日に、「RED RIBBON LIVE 2023」を開催し、著名人等による音楽・トークライブイベントを行った。また、エイズに関する電話相談事業を実施するなど、HIV・エイズに関する正しい知識の普及啓発活動に努めている。

ポスター
「令和５年度『世界エイズデー』」

　　　さらに、HIV・エイズの正しい知識の普及啓発を目的として「『世界エイズデー』ポスターコンクール」を実施し、小・中学生の部46点、高校生の部174点、一般の部109点の応募があった。最優秀作品は世界エイズデーキャンペーンポスターのデザインに採用し、全国各地で掲示することにより、HIV・エイズについて理解を深めてもらう良い機会となっている。

　イ　文部科学省では、学習指導要領に基づき、学校において、エイズについて正しく理解するよう指導するとともに、エイズ患者及びHIV感染者に対する偏見・差別をなくす内容を含む教材の周知等を行った。

　ウ　法務省の人権擁護機関では、「感染症に関連する偏見や差別をなくそう」を強調事項の一つとして掲げ、啓発冊子の配布等、各種人権啓発活動を実施している。

⑵　肝炎ウイルス感染者への偏見・差別をなくし、理解を深めるための教育・啓発活動

　肝炎は、肝臓の細胞が傷つけられ、その働きが損なわれる病気で、患者の多くはＢ型肝炎ウイルス、Ｃ型肝炎ウイルスに起因するものである。

　Ｂ型、Ｃ型肝炎ウイルスは、主に血液や体液を介して感染する。肝炎ウイルスの感染を予防するためには、血液や体液が付いた器具を共用しないこと、血液や体液が傷・粘膜に直接触れるのを防ぐことが重要であり、このほか、普段の生活の中では、Ｂ型肝炎やＣ型肝炎に感染することはない。しかし、これらのことが十分に理解されていない結

果として、偏見や差別に苦しんでいる肝炎ウイルスの感染者や患者も少なくない。

　感染者や患者に対する偏見や差別を解消するためには、幅広い世代を対象に、肝炎についての正しい知識を普及し、また、肝炎患者等の人権を尊重するためにはどのように振る舞うべきかを考え、学ぶことが重要である。

ア　厚生労働省では、7月28日を「日本肝炎デー」と定め、この日を中心に国や地方公共団体等で様々な普及啓発活動を行っており、国の「知って、肝炎プロジェクト」では、令和5年7月4日に普及啓発イベント「知って、肝炎プロジェクト健康デー2023」を開催した。同プロジェクトにおいては、著名人による都道府県知事への訪問等による普及啓発活動や、患者の経験を踏まえた肝炎への正しい理解を促す広報を行っている。

　このほか、調査研究事業において、肝炎患者等からの相談事例の分析を行うとともに、肝炎患者等の置かれた状況について考えるシンポジウムの開催や、感染症患者に対する偏見差別・人権をテーマとした模擬授業を行い、調査研究の成果普及に努めている。

　また、青少年が肝炎に関する正しい知識を学ぶことにより、肝炎ウイルスの感染を予防するとともに、集団予防接種によるB型肝炎ウイルスの感染拡大の経緯・歴史等を学び、肝炎ウイルス感染者・患者の方々に対する偏見・差別をなくすことを目的として、全国B型肝炎訴訟原告団・弁護団の協力を得て、副読本「B型肝炎 いのちの教育」を作成し、令和2年度から全国の中学3年生の教員向けに配布を行っている。あわせて、全国B型肝炎訴訟原告団・弁護団が本副読本を用いて実施している「患者講義（集団予防接種によりB型肝炎に感染した患者等を講師として派遣し被害者の声を伝える活動）」について、全国の中学校に周知している。

イ　文部科学省では、感染者や患者に対する偏見や差別をなくすこと等を目的として厚生労働省が作成・配布する副読本「B型肝炎 いのちの教育」の活用について、各都道府県教育委員会等へ周知等を行った。

ウ　法務省の人権擁護機関では、「感染症に関連する偏見や差別をなくそう」を強調事項の一つとして掲げ、啓発冊子の配布等、各種人権啓発活動を実施している。

知って、肝炎プロジェクト
健康デー2023

副読本「B型肝炎 いのちの教育」

(3)　新型コロナウイルス感染症に関連して発生した人権問題への対応

新型コロナウイルス感染症に関連して、感染者や医療従事者等への偏見・差別を始めとする様々な人権問題が発生した。

このような状況を踏まえ、「新型インフルエンザ等対策特別措置法」（平成24年法律第31号。以下「特別措置法」という。）が令和3年2月に改正され、新型インフルエンザ等の患者等（「患者及び医療従事者並びにこれらの者の家族その他のこれらの者と同一の集団に属する者」）に対する差別的取扱いの防止に係る国及び地方公共団体の責務を定める規定が設けられた。政府は、新型コロナウイルス感染症対策を実施するに当たって準拠すべき統一的指針を示す「新型コロナウイルス感染症対策の基本的対処方針」（令和3年11月19日新型コロナウイルス感染症対策本部決定。以下「基本的対処方針」という。）において、感染者等の人権が尊重され、何人も差別的な取扱い等を受けることのないよう各種取組を行うべきことを明記した。

なお、新型コロナウイルス感染症については、令和5年5月8日、「感染症の予防及び感染症の患者に対する医療に関する法律」（平成10年法律第114号）に基づく5類感染症に位置づけられ、同日付けで特別措置法に基づく基本的対処方針及び新型コロナウイルス感染症対策本部は廃止された。

ア　内閣官房では、以下の取組を実施した。

①　特別措置法第13条第2項に規定されている偏見・差別を防止するための規定を周知するリーフレットを作成し、新型コロナウイルス感染症に関する政府の統一的なホームページ（https://corona.go.jp/）（現在は、内閣感染症危機管理統括庁のホームページに移設）において公表するとともに、関係省庁のホームページにおいても連携して公表

②　新型コロナウイルス感染症に関する正しい知識の普及に加え、政府の統一的なホームページ等を活用し、偏見・差別等の防止等に向けた啓発・教育に資する発信を強化

イ　厚生労働省では、ホームページ上に、日本赤十字社の差別や偏見防止に関する資料、医療従事者への感謝のポスターのほか、一般の方向けの啓発資料を掲載した。また、医療従事者等のこどもに対する保育所などにおける預かりの拒否等に関して、医療従事者等は感染防御を十分に行った上で対策や治療に当たっていること、市町村等においては医療従事者等のこどもに対する偏見・差別が生じないよう十分配慮することを周知した。さらに、令和2年2月に取りまとめた新型コロナウイルス感染症を含む感染症等に関わる情報公表に関しての基本方針について、改めて感染者に対して不当な差別及び偏見が生じることのないよう、個人情報の保護に留意する必要があることについても周知した。

また、令和2年12月4日から、「『#（ハッシュタグ）広がれありがとうの輪』プロジェクト」を開始し、感染予防の徹底と、医療従事者を始め、感染者やその周囲の方々に

対する偏見・差別の解消を図るため、賛同企業・団体、個人と一丸となって、特設サイトやSNS、広報誌等各種媒体での情報発信を行った。

　さらに、都道府県労働局等に設置されている総合労働相談コーナーで職場におけるいじめ・嫌がらせなどの相談を受け付けた。また、過去に新型コロナウイルスに感染したことを理由として、人格を否定するような言動を行うこと等は、職場におけるパワーハラスメントに該当する場合がある旨をホームページに掲載している。

　加えて、新型コロナウイルス感染症の影響によりこどもの見守りの機会が減少し、児童虐待リスクが高まったことから、要保護児童対策地域協議会が中核となり、様々な地域ネットワークを総動員し、支援ニーズの高いこども等を早期に発見する体制を強化するとともに、定期的に見守る体制を確保する必要があった。そのため、子育て広場やこども食堂（食事の宅配等を含む。）を運営する民間団体等にも幅広く協力を求め、様々な地域ネットワークを総動員して、地域の見守り体制の強化を図った。

ロゴ「#広がれありがとうの輪」

ウ　法務省の人権擁護機関では、新型コロナウイルス感染症を含む感染症をテーマとする啓発動画「『誰か』のこと　じゃない。（感染症編）」をYouTube法務省チャンネルで配信しているほか、ワクチンの接種やマスクの着用について、啓発冊子の配布などの各種人権啓発活動を実施した。

啓発動画「『誰か』のこと　じゃない。」

エ　文部科学省では、令和2年4月に、新型コロナウイルス感染症に関連した児童生徒等に対する差別や偏見を防止するため、各都道府県教育委員会等に通知を発出し、適切な知識を基に発達段階に応じた指導を行うこと等を通じて、生徒指導上の配慮等を十分に行うこと等を周知するとともに、同年8月には、新型コロナウイルス感染症は誰もが感染する可能性があること、感染者に対する偏見・差別は許されないこと等を内容とする児童生徒等向け、教職員向け、保護者・地域住民向けの大臣メッセージを発出した。

　また、こどもたちが新型コロナウイルス感染症に対する不安から陥りやすい差別や偏見等について考えるための啓発動画等を周知した。

(4) 感染症をめぐる人権侵害事案に対する適切な対応

　法務省の人権擁護機関では、全国の法務局・地方法務局又はその支局や特設の人権相

談所において人権相談に応じている。人権相談等を通じて、HIV感染者や肝炎ウイルス感染者等に対する差別等の人権侵害の疑いのある事案を認知した場合は、人権侵犯事件として調査を行い、事案に応じた適切な措置を講じている。

人権侵犯事件数（開始件数）	令和元年	令和２年	令和３年	令和４年	令和５年
疾病患者（ハンセン病患者等を除く。）に対する差別待遇	15	44	68	49	24

（法務省人権擁護局の資料による）

9 ハンセン病患者・元患者やその家族

ハンセン病は、「らい菌」に感染することで起こる感染症であるが、「らい菌」の感染力は弱く、非常に伝染しにくい病気である。仮に感染したとしても発病することは極めてまれであり、現在では治療法も確立しているため、万一発病しても、早期に発見し適切な治療を行えば、後遺症が残ることもない。しかし、かつて我が国でとられた強制的な隔離政策により、ハンセン病は恐ろしいというイメージが助長され、ハンセン病患者・元患者やその家族は、社会からのいわれのない偏見や差別の対象となってきた。

平成13年5月の「らい予防法違憲国家賠償請求訴訟」の熊本地方裁判所判決以後も、政府は、ハンセン病問題に対する正しい知識の普及啓発等に継続的に取り組んできた。しかし、偏見や差別の根絶には至らず、令和元年7月、「ハンセン病家族国家賠償請求訴訟」の熊本地方裁判所判決を受けて公表した内閣総理大臣談話（以下「令和元年総理談話」という。）においては、我が国でかつてとられた施設入所政策の下で、患者・元患者のみならず、その家族に対しても、社会において極めて厳しい偏見、差別が存在し、患者・元患者とその家族が苦痛と苦難を強いられてきたことに対し、政府としての深い反省とおわびが示されるとともに、家族を対象とした新たな補償の措置を講ずること、関係省庁が連携・協力し、患者・元患者やその家族が置かれていた境遇を踏まえた人権啓発、人権教育などの普及啓発活動の強化に取り組むことが示された。

これを受けて、政府では、原告団等との「ハンセン病に係る偏見差別の解消に向けた協議」を開催するなどして、ハンセン病患者・元患者やその家族が置かれていた境遇を踏まえた人権啓発、人権教育などの普及啓発活動の強化に取り組んでいる。

⑴ ハンセン病患者・元患者やその家族に対する偏見・差別をなくし、理解を深めるための教育・啓発活動

ア 厚生労働省では、令和2年12月に、ハンセン病患者・元患者やその家族が置かれていた境遇を踏まえた人権啓発、人権教育などの普及啓発活動の強化等に向けて検討を進めるため、法務省及び文部科学省と共に、原告団等との「ハンセン病に係る偏見差別の解消に向けた協議（第3回）」を開催した。この協議において、ハンセン病に対する偏見差別の現状とこれをもたらした要因の分析・解明、国のこれまでの啓発活動の特徴と問題点の分析、偏見差別の解消のために必要な広報活動や人権教育、差別事案への対処の在り方についての提言等を行うことを目的とした「ハンセン病に係る偏見差別の解消のための施策検討会」を設置することが決定され、令和3年度から同検討会において議論が進められ、令和5年3月に報告書が取りまとめられ、同年5月の「ハンセン病に係る偏見差別の解消に向けた協議（第4回）」において提出された。この報告書を受け、元患者やその家族との新たな協議の場を設けるとともに、法務省、文部科学省と連携しながら、ハンセン病に対する偏見・差別の解消に向けた対策を具

体的に検討していくこととしている。

　このほかにも、厚生労働省では、ハンセン病問題に対する正しい知識の普及のため、様々な普及啓発活動を行っている。平成21年度から、「ハンセン病療養所入所者等に対する補償金の支給等に関する法律」（平成13年法律第63号）の施行日である６月22日を「らい予防法による被害者の名誉回復及び追悼の日」と定め、追悼、慰霊及び名誉回復の行事を実施している。令和５年度においては、６月22日に開催し、加藤厚生労働大臣、磯﨑内閣官房副長官、細田衆議院議長、尾辻参議院議長、齋藤法務大臣、伊藤文部科学大臣政務官等が出席し実施した。

　加えて、令和６年２月17日に、法務省、文部科学省等と連携し、ハンセン病問題に対する正しい知識の普及啓発を目的とした「第23回ハンセン病問題に関するシンポジウム」を現地開催（東村山市立中央公民館）とライブ配信によるハイブリッド開催し、高校生によるハンセン病回復者及びその家族の聞き書きや大学生による発表「聞き書きのその後」、学芸員による解説「知ろう、学ぼう、人権の森　多磨全生園」等を行った。

　さらに、平成14年度から、ハンセン病問題を正しく理解するための中学生向けパンフレット「ハンセン病の向こう側」及び指導者向け教本を作成し、全国の中学校、教育委員会等に配布している。

「らい予防法による被害者の
名誉回復及び追悼の日」式典

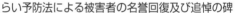

らい予防法による被害者の名誉回復及び追悼の碑

パンフレット
「ハンセン病の向こう側」

イ　文部科学省では、例年、厚生労働省が作成・配布する中学生向けパンフレット「ハンセン病の向こう側」及び指導者向け教本の活用について、各都道府県教育委員会等へ周知しているところ、令和４年度に引き続き、令和５年度も、関係省庁間の連携の下で一体的に施策を進めるため、法務省、文部科学省及び厚生労働省の３省連名で、ハンセン病問題に関する教育の更なる推進を目的とした通知を令和５年11月30日付けで発出した。同通知では、厚生労働省作成のパンフレットや法務省作成の人権啓発動画、冊子等の資料の活用・促進、国立ハンセン病資料館の講師派遣等について周知徹

底を行っている。そのほか、各都道府県教育委員会等の人権教育担当者を対象とした会議や独立行政法人教職員支援機構が実施する人権教育推進研修等において、人権教育担当指導主事や教員等に対し、ハンセン病問題に関する教育を推進するための情報提供を行うとともに、当該地域や学校において専門的知見を活用して組織的な取組等を推進する人材の育成を行っている。加えて、令和3年12月に配信を開始した、独立行政法人教職員支援機構が提供する校内研修用の動画コンテンツの一環としてのハンセン病問題に係る講義動画について、引き続き、周知を図った。この動画は学校でハンセン病問題に係る教育に真摯に取り組んでこられた校長先生による講義を収録しており、学校等での校内研修等への活用を促進している。

　また、社会教育の指導者として中心的な役割を担う社会教育主事の養成講習において人権問題等の現代的課題を取り上げ、指導者の育成及び資質向上を図るとともに、国公私立大学の教務担当者等が出席する会議等において、人権教育に関する取組を促している。さらに、令和元年10月に文部科学省内に設置した「ハンセン病家族国家賠償請求訴訟を踏まえた人権教育推進検討チーム」では、ハンセン病の元患者やその家族が置かれていた境遇を踏まえた人権教育を推進するため、有識者ヒアリングを含む会議と関係施設の視察等を行い検討を進め、令和3年9月に議論を踏まえた当面の取組をまとめた。

ハンセン病家族
国家賠償請求訴訟を踏まえた
人権教育推進検討チーム
（文部科学省ホームページ）

ウ　法務省の人権擁護機関では、「ハンセン病患者・元患者やその家族に対する偏見や差別をなくそう」を強調事項の一つとして掲げ、講演会等の開催、啓発冊子の配布等、各種人権啓発活動を実施しており、令和元年総理談話を受けて、ハンセン病患者・元患者やその家族が置かれていた境遇を踏まえた人権啓発活動の強化に取り組んでいる。

　令和5年度においては、11月11日に、厚生労働省及び文部科学省と連携し、「〜ハンセン病問題を次世代に伝える〜『親と子のシンポジウム』」をオンライン配信により開催した。また、シンポジウムの内容については、中高生向けの全国版新聞等に掲載し、ハンセン病元患者やその家族の思いを広く周知した。

　さらに、当事者の声をより多くの方々に届けることを目的として、令和2年度に作成した啓発動画「ハンセン病問題を知る〜元患者と家族の思い〜」を周知するためのインターネットバナー広告及び動画広告を実施した。

〜ハンセン病問題を次世代に伝える〜
「親と子のシンポジウム」
（読売中高生新聞）

⑵　国連における取組

　我が国は、ハンセン病患者・元患者とその家族等に対する偏見・差別の解消に向けて、国際社会において主導的な役割を果たしてきている。具体的には、平成20年、平成21年、平成22年、平成27年、平成29年及び令和２年の国連人権理事会において、また、平成22年の国連総会において、ハンセン病に関する誤った認識や誤解に基づく偏見・差別をなくすための決議（ハンセン病差別撤廃決議）案を主提案国として提出し、いずれも無投票で採択された。これら決議のフォローアップとして、令和５年７月、我が国は主提案国として、国連人権理事会にブラジル、エクアドル、エチオピア、フィジー、インド、キルギス、モロッコ及びポルトガルとハンセン病差別撤廃決議案を共同提出し、無投票で採択された。同決議においては、共同提案国は68か国に達した。この決議は、全世界におけるハンセン病患者・回復者及びその家族による人権の享受を実現し、平等な社会参加を妨げる患者等への差別や偏見を撤廃することを目的に、人権理事会として、ハンセン病差別撤廃に関する特別報告者の任期を３年間延長することを主な内容としている。

⑶　ハンセン病患者・元患者やその家族の人権をめぐる人権侵害事案に対する適切な対応

　法務省の人権擁護機関では、全国の法務局・地方法務局又はその支局や特設の人権相談所において人権相談に応じている。人権相談等を通じて、ハンセン病患者等に対する差別等の人権侵害の疑いのある事案を認知した場合は、人権侵犯事件として調査を行い、事案に応じた適切な措置を講じている。

人権侵犯事件数（開始件数）	令和元年	令和２年	令和３年	令和４年	令和５年
ハンセン病患者等に対する差別待遇	1	0	1	0	1

（法務省人権擁護局の資料による）

10 刑を終えて出所した人やその家族

　刑を終えて出所した人等やその家族に対する偏見・差別は根強く、就職に際しての差別や住居の確保の困難等、社会復帰を目指す人たちにとって、現実は極めて厳しい状況にある。刑を終えて出所した人等が、地域社会に包摂され、その一員として安定した社会生活を営むためには、本人の強い更生意欲と併せて、家族はもとより、職場、地域社会の理解と協力が必要である。

　政府においては、「再犯の防止等の推進に関する法律」（平成28年法律第104号）に基づく「第二次再犯防止推進計画」（令和5年3月17日閣議決定）等により、刑を終えて出所した人等が、責任ある社会の構成員として受け入れられるよう、広報・啓発活動を始めとする再犯の防止のための様々な施策を推進している。

⑴ 犯罪をした人や非行のある少年の改善更生への理解・協力を促進するための取組

　法務省では、再犯防止啓発月間及び"社会を明るくする運動"強調月間である7月を中心に、犯罪や非行の防止と犯罪や非行をした人の改善更生、再犯の防止等について、広く国民の関心と理解を深めるための広報・啓発活動を展開している。

　令和5年度は、再犯防止啓発月間において、再犯防止啓発ポスターを作成し、同ポスターを地方公共団体や公共交通機関等に配布し、掲示等の依頼を行った。また、令和5年12月には、「陣内智則がレポート『再犯防止の現場』〜農園での立ち直り支援〜」と題した再犯防止に関する広報・啓発動画をYouTube法務省チャンネルで配信した。同動画は、犯罪や非行をした人を雇用しながら、その立ち直りを支援する事業者を訪問し、そこで働く当事者や支援者と意見を交わす内容となっており、同動画の配信を通じて、当事者の立ち直りにとっての民間協力者による支援の重要性を発信した。

　"社会を明るくする運動"においては、刑を終えて出所した人等に対する偏見・差別をなくし、全ての国民が安心して暮らせる幸福な社会を実現するために、「幸福の黄色い羽根」を運動のシンボルとして掲げ、広報啓発イベント、ミニ集会、住民集会、講演会、弁論大会、作文コンテスト等の啓発活動を全国各地で行っている。

　令和5年度も、XやインスタグラムといったSNSを活用するとともに、芸能事務所と連携したイベントの開催や各種動画の作成等、幅広い層に向けた広報活動を積極的に展開した。また、令和5年7月5日には、法務省において、第73回"社会を明るくする運動"強調月間のキックオフイベントを行った。

　以上のような取組を通じて、犯罪や非行をした人の立ち直り支援に関する国民の理解・協力を促進し、犯罪や非行のない明るい社会を築くため、様々な機関・団体と広く連携しながら、地域に根ざした国民運動として一層の推進を図っている。

再犯防止に関する広報・啓発動画

再犯防止啓発ポスター

第73回"社会を明るくする運動"ポスター

第73回"社会を明るくする運動"
強調月間キックオフイベント

(2)　刑を終えて出所した人等に対する偏見・差別の解消を目指した啓発活動等

　　法務省の人権擁護機関では、「刑を終えて出所した人やその家族に対する偏見や差別をなくそう」を強調事項の一つとして掲げ、啓発冊子の配布等、各種人権啓発活動を実施している。

　　また、全国の法務局・地方法務局又はその支局や特設の人権相談所において人権相談に応じている。人権相談等を通じて、刑を終えた人に対する差別等の人権侵害の疑いのある事案を認知した場合は、人権侵犯事件として調査を行い、事案に応じた適切な措置を講じている。

人権侵犯事件数（開始件数）	令和元年	令和2年	令和3年	令和4年	令和5年
刑を終えた人に対する差別待遇	11	5	4	4	2

（法務省人権擁護局の資料による）

▶ 11　犯罪被害者やその家族

　犯罪被害者やその家族は、犯罪そのものやその後遺症によって精神的、経済的に苦しんでいるにもかかわらず、追い打ちを掛けるように、興味本位のうわさや心ない中傷等により名誉が傷つけられたり、私生活の平穏が脅かされたりするなどの問題が指摘されている。

　こうした犯罪被害者等の権利利益の保護が図られる社会を実現させるため、平成16年12月に「犯罪被害者等基本法」（平成16年法律第161号）が成立した。同法に基づき、令和3年3月に閣議決定された「第4次犯罪被害者等基本計画」では、「4つの基本方針」（注1）の下、「5つの重点課題」（注2）について279の具体的施策が掲げられ、関係府省庁において同基本計画に基づく施策が進められている。

　　（注1）「4つの基本方針」①尊厳にふさわしい処遇を権利として保障すること、②個々の事情に応じて適切に行われること、③途切れることなく行われること、④国民の総意を形成しながら展開されること

　　（注2）「5つの重点課題」①損害回復・経済的支援等への取組、②精神的・身体的被害の回復・防止への取組、③刑事手続への関与拡充への取組、④支援等のための体制整備への取組、⑤国民の理解の増進と配慮・協力の確保への取組

(1)　犯罪被害者等の人権に関する啓発・広報

　ア　法務省では、犯罪被害者等の保護・支援のための制度を広く国民に紹介し、その周知を図るために「犯罪被害者の方々へ」と題するパンフレットを作成し、全国の検察庁等において犯罪被害者等に配布しているほか、同パンフレットを法務省及び検察庁ホームページに掲載し、情報提供を行っている。

　　　また、刑事裁判・少年審判終了後の更生保護における犯罪被害者等のための制度について、リーフレットを配布するなどの広報を実施しているほか、同制度を利用した犯罪被害者等の体験談等を法務省ホームページ（https://www.moj.go.jp/hogo1/soumu/hogo08_00011.html）に掲載するなどして、同制度の広報や関係機関・団体等に対する周知に努めている。

　　　さらに、法務省の人権擁護機関では、「犯罪被害者やその家族の人権に配慮しよう」を強調事項の一つとして掲げ、啓発冊子の配布等、各種人権啓発活動を実施している。

パンフレット
「犯罪被害者の方々へ」

　イ　警察庁では、関係府省庁の協力を得て、毎年11月25日から12月1日までを「犯罪被害者週間」として設定し、犯罪被害者等に関する国民の理解を深めるための啓発事業を集中的に実施している。令和5年度は、「犯罪被害者週間」中央イベントを東京で開催するとともに、地方公共団体等と共催で、地方大会を山梨県南アルプス市において開催し、犯罪被害者遺族等による講演やパネルディスカッション等を行った。

　　また、令和5年度の都道府県、政令指定都市等における犯罪被害者週間関連行事について、全国の開催情報を集約した上で、警察庁ホームページ等を活用し、全国的に取組がされていることを広報した。

　　さらに、警察における犯罪被害者等支援の広報・啓発として、パンフレット「警察による犯罪被害者支援」、「犯罪被害給付制度のご案内」等の作成及び犯罪被害者等支援広報用ホームページ（https://www.npa.go.jp/higaisya/index.html）の運営を行うとともに、毎年11月の警察庁広報重点として「犯罪被害者等支援活動の周知と参加の促進及び犯罪被害給付制度の周知徹底」を設定している。都道府県警察では、教育委員会等の関係機関と連携し、犯罪被害者本人や遺族が直接語り掛ける「命の大切さを学ぶ教室」を実施するとともに、中学生・高校生の参加による、命の大切さや犯罪被害者等支援をテーマとする作文コンクールを実施したほか、大学生を対象にした犯罪被害者等支援に関する講義を行うなど、広報・啓発を実施した。

　　このほか、犯罪被害者等への支援活動を行う公益社団法人全国被害者支援ネットワークに加盟している民間被害者支援団体等の関係機関・団体との連携を図りながら、犯罪被害者等支援に関する広報・啓発等の活動を行っている。

⑵　犯罪被害者等に対し支援を行う者等に対する教育訓練

ア　検察職員

　　検察職員に対しては、犯罪被害者等の保護・支援を目的とした諸制度について、各種研修や日常業務における上司による指導等を通じて周知し、適正に運用するよう努めている。

イ　警察職員

　　警察では、犯罪被害者等の立場に立った適切な支援、対応を行うためには、職員に対する教育が極めて重要との認識の下、犯罪被害者等支援の意義や各種施策の概要、犯罪被害者等の心情への配慮や具体的な対応の在り方等を理解させるための教育を積極的に実施している。

ウ　保護観察官

　　保護観察官を対象にした各種研修において、犯罪被害者等に対して適切な対応を行うことができるようにする観点から、また、保護観察対象者に対して、犯罪被害者等の心情やその置かれている状況について十分理解させ、しょく罪意識のかん養を図る観点から、犯罪被害者等が置かれている状況や刑事政策における被害者支援の必要性等をテーマとして、犯罪被害当事者や民間の犯罪被害者支援団体の関係者等による講義を実施している。

エ　民間の犯罪被害者支援団体のボランティア等

　　警察では、民間の犯罪被害者支援団体の一員として犯罪被害者等支援を行うボランティア等に対して、警察職員を講師として派遣するほか、被害者支援教育用DVDの

活用等により、一層効果的な教育訓練を行うよう努めている。

⑶ 犯罪被害者等の人権をめぐる人権侵害事案に対する適切な対応

　法務省の人権擁護機関では、全国の法務局・地方法務局又はその支局や特設の人権相談所において人権相談に応じている。人権相談等を通じて、犯罪被害者等に対する人権侵害の疑いのある事案を認知した場合は、人権侵犯事件として調査を行い、事案に応じた適切な措置を講じている。

人権侵犯事件数（開始件数）	令和元年	令和2年	令和3年	令和4年	令和5年
犯罪被害者等に関する人権侵犯	6	4	0	2	1

（法務省人権擁護局の資料による）

12　インターネット上の人権侵害

　インターネットの普及に伴い、その匿名性や情報発信の容易さから、個人の名誉やプライバシーを侵害したり、差別を助長する表現を掲載したりするなど、人権に関わる様々な問題が発生している。近時、インターネット上の誹謗中傷が社会問題化していることを契機として、誹謗中傷に対する非難が高まるとともに、これを抑止すべきとの国民の意識が高まっていることに鑑み、侮辱罪について、厳正に対処すべき犯罪であるとの法的評価を示し、これを抑止するため、令和4年6月に成立した「刑法等の一部を改正する法律」（令和4年法律第67号）では、侮辱罪の法定刑の引上げが行われた（同年7月7日施行）。引き続き、一般のインターネット利用者等に対して、個人の名誉やプライバシーに関する正しい理解を深めるための啓発活動を推進していくことが必要である。

(1)　個人のプライバシーや名誉に関する正しい知識を深めるための啓発活動

　ア　法務省の人権擁護機関では、「インターネット上の人権侵害をなくそう」を強調事項の一つとして掲げ、講演会等の開催、啓発冊子の配布等、各種人権啓発活動を実施している。

啓発冊子
「あなたは、大丈夫？考えよう！
インターネットと人権＜四訂版＞」

　特に、青少年を中心に深刻化するインターネットによる人権侵害への取組として、全国の法務局・地方法務局において、中学生等を対象として、携帯電話会社と連携・協力し、スマートフォン等の安全な利用について学ぶための人権教室を実施している。

　令和5年度には、中学生・高校生やその保護者等を対象とした啓発冊子「あなたは、大丈夫？考えよう！インターネットと人権〈四訂版〉」の配布のほか、SNS・掲示板等のインターネット上で発生している誹謗中傷等の根絶を呼び掛ける啓発動画「インターネットはヒトを傷つけるモノじゃない。」（全4編）や様々な人権問題を自分の問題として考えることを呼び掛ける啓発動画「『誰か』のこと　じゃない。（インターネット編）」等のYouTube法務省チャンネルでの配信に加えて、インターネット広告を実施した。

啓発動画「インターネットはヒトを傷つけるモノじゃない。」

イ　警察では、「私事性的画像記録の提供等による被害の防止に関する法律」（平成26年法律第126号）に基づく取締りを推進した。令和5年中の私事性的画像に関する相談等の中で、同法違反により62件を検挙し、そのうち57件は、電子メールやSNS等のインターネットを利用したものであった。

　また、私事性的画像記録等に係る事案の現状・対策、早期相談の重要性、削除申出方法等、被害防止のための広報啓発活動を推進しており、例えば、警察庁では、ホームページ上に「リベンジポルノ等の被害に遭わないために」と題して、具体的な被害防止対策を掲載している。

ウ　総務省では、こどもたちのインターネットの安全な利用に係る普及啓発を目的に、児童・生徒、保護者・教職員等に対する学校等の現場での出前講座である「e-ネットキャラバン」の実施、インターネットに係る最新のトラブル事例の予防法等をまとめた「インターネットトラブル事例集」の作成・公表を行っている。

　また、後記「違法・有害情報相談センター」によるセミナーを通じて、安易な個人情報の投稿等によるプライバシー侵害・名誉毀損等に関する注意喚起を図っている。

エ　こども家庭庁を始め関係省庁では、多くの青少年が初めてスマートフォン等を手にする春の卒業・進学・進級の時期に特に重点を置き、地方公共団体、関係団体、関係事業者等と連携し、毎年、2月から5月にかけて、スマートフォンやSNS等の安全・安心な利用のための啓発活動を集中的に実施する、「春のあんしんネット・新学期一斉行動」を展開している。

(2)　インターネットをめぐる人権侵害事案に対する適切な対応

ア　総務省では、令和2年9月に、インターネット上の誹謗中傷に対して早急に対応していくべき取組を具体化するため、「インターネット上の誹謗中傷への対応に関する政策パッケージ」を公表し、各府省や産学民のステークホルダーと連携して取組を推進している。

　また、総務省では、「特定電気通信役務提供者の損害賠償責任の制限及び発信者情報の開示に関する法律」（平成13年法律第137号。以下「プロバイダ責任制限法」という。）の適切な運用の支援に努めており、令和3年4月には発信者情報の開示の簡易・迅速化のため、プロバイダ責任制限法の改正を行い、新たな裁判手続を創設した。同改正法は令和4年10月に施行された。

　さらに、令和6年2月に公表された総務省の有識者会議による報告書（※）を踏まえ、同年3月に、プロバイダ責任制限法の改正法案（大規模プラットフォーム事業者に対し、対応の迅速化や運用状況の透明化に係る措置を義務付け。また、通称を「情報流通プラットフォーム対処法」に改称）を第213回国会に提出した。

　加えて、総務省では、通信関連事業者団体等民間での自主的な取組、「インターネット上の違法な情報への対応に関するガイドライン」、「違法・有害情報への対応等に関する契約約款モデル条項」、「プロバイダ責任制限法関連ガイドライン」等の策定や改訂を随時支援している。

　このほか、平成21年8月から、インターネット上の違法・有害情報に対して適切な対応を促進するため、インターネット上の違法・有害情報に関する相談を受け付ける「違法・有害情報相談センター」を設置しているほか、ヘイトスピーチや部落差別情報といったインターネット上の人権侵害情報に係る書き込みへの円滑な対応を可能とするため、平成30年10月から、法務省と共に、通信関連事業者等との意見交換の場（実務者検討会）を開催するなどの取組を進めている。

　※プラットフォームサービスに関する研究会　第三次とりまとめ

イ　法務省の人権擁護機関では、インターネット上の人権侵害情報（私事性的画像記録によるものを含む。）について相談を受けた場合には、相談者の意向に応じて、相談者自身が行うプロバイダへの発信者情報開示請求や当該情報の削除依頼の方法を助言するほか、調査の結果、当該情報が名誉毀損やプライバシー侵害等に該当すると認められるときは、「プロバイダ責任制限法名誉毀損・プライバシー関係ガイドライン」における法務省の人権擁護機関による削除要請に関する記述をも踏まえ、当該情報の削除をプロバイダ等に求めるとともに、特定の地域を同和地区であると指摘するなどの内容の情報についても削除を求めるなどしている。

　また、法務省の人権擁護機関が行う削除要請の実効性を向上させるため、法務省の人権擁護機関の取組についてプロバイダ等により理解を深めてもらうべく、総務省とも連携してプロバイダ等及び事業者団体との間で実務者検討会を継続的に開催したり、プロバイダ等と個別に意見交換を行ったりといった取組を進めている。

　さらに、法務省人権擁護局は、削除されるべきものの基準等について法的に整理することを目的として、令和3年4月から商事法務研究会が開催した有識者検討会に、関係行政機関として積極的に参加し、議論のたたき台となる資料の作成等を行ってきたところ、令和4年5月、この検討会の議論が取りまとめられ、公表された。この取

りまとめでは、インターネット上の投稿に関する違法性の判断基準等についての考え方や方向性が示されているところ、法務省の人権擁護機関は、この考え方等を踏まえた削除要請に取り組むとともに、関係省庁と連携してプロバイダ等にもその内容等について理解を求めるなど、削除要請の実効性のより一層の向上に努めている。

こうした法務省の人権擁護機関の取組に加え、地方公共団体等からの働き掛けもあり、プロバイダ等の人権問題に対する理解が進み、これまでに誹謗中傷等に該当する違法な書き込みや差別を助長するおそれのある動画等が削除された事例も確認されている。

いじめ防止対策推進法では、インターネットを通じていじめが行われた場合においては、児童等やその保護者が情報の削除等について法務局の協力を求めることができる旨の規定（第19条第3項）等が設けられていることから、その趣旨を踏まえて適切に対応している。

このほか、総務省及びSNS事業者団体である一般社団法人ソーシャルメディア利用環境整備機構と共同して、「#No Heart No SNS（ハートがなけりゃSNSじゃない！）」をスローガンに、SNS利用に関する人権啓発サイトを開設し、情報モラルの向上を図るとともに、インターネット上の人権侵害に関する関連省庁等の各種の相談窓口を整理したフローチャートを掲載し、人権相談窓口の周知・広報を行っている。

人権侵犯事件数（開始件数）	令和元年	令和2年	令和3年	令和4年	令和5年
インターネットに関する人権侵犯	1,985	1,693	1,736	1,721	1,824

（法務省人権擁護局の資料による）

SNS利用に関する人権啓発サイト
「#No Heart No SNS」

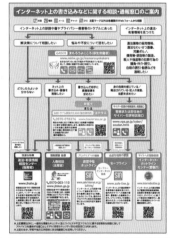

インターネット上の書き込みなどに関する
相談・通報窓口のご案内

⑶ インターネット等を介したいじめ等への対応

文部科学省では、「青少年が安全に安心してインターネットを利用できるようにするための施策に関する基本的な計画」等に基づき、フィルタリングやインターネット利用のルールに関する学習・参加型シンポジウムの開催や普及啓発資料の配布等を通じて、

地域・民間団体・関係府省庁等と連携しつつ、保護者及び青少年に対する啓発や教育活動を推進している。

　また、平成26年度から引き続き、都道府県・指定都市において実施されているネットパトロール監視員や民間の専門機関の活用等による学校ネットパトロールの取組への支援を行っている。

　さらに、学習指導要領に基づき、インターネットの適切な利用を含む情報モラルに関する教育を推進している。

13　北朝鮮当局によって拉致された被害者等

　北朝鮮当局による日本人拉致は、我が国に対する主権侵害であるとともに、重大な人権侵害である。

　拉致問題に関する啓発については、「拉致問題その他北朝鮮当局による人権侵害問題への対処に関する法律」（平成18年法律第96号。以下「北朝鮮人権法」という。）において、政府及び地方公共団体が拉致問題その他北朝鮮当局による人権侵害問題に関する国民世論の啓発を図るよう努めるものと定められている。

　また、人権教育・啓発に関する基本計画においては、拉致問題等についての正しい知識の普及を図り、国民の関心と認識を深めるための取組を積極的に推進するものと定められている。

　拉致問題の解決には、国内世論及び国際世論の後押しが重要であるとの観点から、政府は、拉致問題に関する国内外の理解促進に努めている。

(1)　北朝鮮人権侵害問題啓発週間における取組

　北朝鮮人権法は、12月10日から16日までを「北朝鮮人権侵害問題啓発週間」と定めている。令和5年度は、政府主催イベントとして、令和5年12月16日に、拉致問題対策本部と法務省の共催、外務省と文部科学省の後援による政府主催拉致問題に関するシンポジウム「〜全ての拉致被害者の一日も早い帰国の実現に向けて〜」を東京都千代田区において開催した。同シンポジウムでは、北朝鮮による拉致問題の実態と家族の苦悩について、被害者の家族による「生の声」の訴えが行われたほか、国際政治・安全保障に関する専門家が登壇し、朝鮮半島を取り巻く情勢の変化についての講演を行った。また、同シンポジウムの中で、中学生及び高校生を対象とする北朝鮮人権侵害問題啓発週間作文コンクールの表彰式、林内閣官房長官兼拉致問題担当大臣から受賞者への記念品の授与及び最優秀賞受賞者による作文の朗読や拉致現場視察（新潟市）の感想発表が行われた。さらに、令和5年8月に初めて開催した「拉致問題に関する中学生サミット」に関する報告を行った。

　加えて、同週間の周知を目的として、インターネット広告及び全国の鉄道主要路線における車内広告を実施するとともに、全国の地方新聞52紙へ広告を掲載したほか、関係府省庁や地方公共団体と連携して、全国各地でポスターを掲出するなど、同週間にふさわしい活動に取り組んだ。

拉致問題に関するシンポジウム
「～全ての拉致被害者の
一日も早い帰国の実現に向けて～」

作文コンクール表彰式

ポスター
「北朝鮮人権侵害問題啓発週間」

⑵　広報媒体の活用

　　拉致問題対策本部は、舞台劇「めぐみへの誓い―奪還―」並びに映画「めぐみ―引き裂かれた家族の30年」及びアニメ「めぐみ」・「拉致被害者御家族ビデオメッセージ」の上映会の開催、政府拉致問題対策本部ホームページ、YouTube拉致問題対策本部公式動画チャンネル、拉致問題対策本部公式Xの運営、内閣府庁舎１階の啓発コーナー「拉致問題を知るひろば」の運営、啓発用のポスターやパンフレットの配布等を行っている。

⑶　地方公共団体・民間団体との協力

　　拉致問題対策本部は、地方公共団体及び民間団体との共催による啓発行事として「拉致問題を考える国民の集い」、映画「めぐみ―引き裂かれた家族の30年」及びアニメ「めぐみ」・「拉致被害者御家族ビデオメッセージ」の上映会を開催した。また、令和５年度は、地方公共団体との共催、法務省、外務省及び文部科学省の後援により、拉致問題啓発行事として、舞台劇「めぐみへの誓い―奪還―」を７回上演した。

チラシ「拉致問題啓発舞台劇公演『めぐみへの誓い―奪還―』」

⑷　学校教育における取組

　　文部科学省では、各都道府県教育委員会等の人権教育担当者を対象とした会議や独立行政法人教職員支援機構が実施する人権教育推進研修等において、北朝鮮当局による拉致問題に関する映像作品の活用促進等について情報提供するなど、各種機会を通じて周知を図っている。

　　拉致問題対策本部は、毎年、全国の教育委員会等に対して、アニメ「めぐみ」の教育現場での活用を依頼するとともに、北朝鮮人権侵害問題啓発週間作文コンクールを実施

している。また、SNSを活用した発信の多様化に取り組むとともに、拉致問題対策本部電子図書館を開設し、電子コミック「母が拉致されたとき僕はまだ1歳だった」を教育現場に無償貸与する取組を行っている。

令和5年度においては、「拉致問題に関する中学生サミット」を初めて開催した。全国の都道府県及び政令指定都市教育委員会から推薦された中学生が東京に集まり、拉致問題について学ぶとともに、拉致問題を同世代、家族、地域の人に自分事として考えてもらうためにはどうしたらよいかにつき議論した上で発表を行ったほか、中学生が考案したアイディアを基に広報動画を制作し、拉致問題対策本部のホームページ上で公開している。これらの取組のほかにも、平成30年度から教員等研修を実施しており、令和5年度は、拉致問題の概要説明、拉致被害者家族及び帰国拉致被害者の講演等を内容とするオンライン研修を実施した。加えて、令和元年度から、初等中等教育に携わる教員を目指す大学生を対象に、拉致被害者家族及び帰国拉致被害者の講演、学習指導案の作成、模擬授業の実施等を通じて授業で拉致問題を取り上げるための教授能力を身に付ける講座を大学と共同で開設しており、令和5年度は岡山大学と共同で実施した。

⑸ 海外に向けた情報発信

各国首脳・外相との会談、G7サミット、日米豪印首脳会合・外相会合、日中韓サミット、日米韓首脳会合・外相会合、ASEAN関連首脳会議、国連関係会合を含む国際会議等の外交上のあらゆる機会を捉え、拉致問題を提起し、諸外国からの理解と支持を得てきている。

バイデン米国大統領は令和4年5月の訪日の際、岸田内閣総理大臣出席の下、拉致被害者の家族と面会し、拉致被害者を想う家族としての心情や拉致問題の一刻も早い解決のための米国の支援を求める発言等に、じっくり、真剣に耳を傾けた。両首脳からは、拉致問題の解決に向け、日米で緊密に連携して取り組んでいくとの強い決意が示された。

令和5年5月のG7広島サミットでは、G7首脳との間で、拉致問題を含む北朝鮮への対応において引き続き緊密に連携していくことを確認するとともに、首脳コミュニケにも、G7として拉致問題を即時に解決するよう求める旨記載した。同サミットの機会に開催された日米豪印首脳会合においても、岸田内閣総理大臣から拉致問題の即時解決に向けた各国の理解と協力を求め、各国から支持を得るとともに、日米豪印首脳共同声明には、北朝鮮に対し、拉致問題を即時に解決するよう求める旨記載された。同年6月には、日本、米国、豪州、韓国及び欧州連合（EU）の共催により、拉致問題に関するオンライン国連シンポジウムを開催し、拉致問題の一刻も早い解決に向けて国際社会の理解と協力を呼び掛けた。同年8月、米国のキャンプ・デービッドで開催された日米韓首脳会合では、拉致問題等の即時解決に向けた共通のコミットメントを再確認した。また、同会合後の共同記者会見でも、バイデン米国大統領は、拉致被害者の家族との面会に触れつつ、拉致された人全員を取り戻すため共に取り組む旨の決意を述べた。同年12

月の日本ASEAN友好協力50周年特別首脳会議においては、一連の会議を通じて、拉致問題を含む国際情勢について意見交換を行い、連携していくことで一致した。

そのほかにも、外務省では、在外公館において、各国政府関係者、報道関係者、有識者等に対し、各種広報媒体を活用し、拉致問題についての説明・啓発を行った。

(6)　北朝鮮当局による人権侵害問題に対する認識を深めるための啓発活動

法務省の人権擁護機関では、「北朝鮮当局による人権侵害問題に対する認識を深めよう」を強調事項の一つとして掲げ、北朝鮮人権侵害問題啓発週間を中心に、講演会等の開催、啓発冊子の配布等、各種人権啓発活動を実施している。

なお、北朝鮮人権侵害問題啓発週間における取組は、前記(1)のとおり。

(7)　国連における取組

令和5年4月には国連人権理事会、同年12月には国連総会において、欧州連合（EU）が提出し、我が国が共同提案国となった、北朝鮮人権状況決議案が無投票で採択された。特に、令和5年12月の国連総会で採択された決議では、北朝鮮に対して、全ての拉致被害者の即時帰国を強く要求する旨を始め、拉致問題に関してしっかりと記載されており、具体的には「拉致被害者及び家族が高齢化している中、深刻な人権侵害を伴う国際的な拉致問題及び全ての拉致被害者の即時帰国の緊急性及び重要性を深刻な懸念をもって改めて強調」、「拉致被害者及び家族が長きにわたり被り続ける多大な苦しみ、（中略）北朝鮮が何ら具体的かつ前向きな行動をとっていないこと、並びに、強制的失踪作業部会からの複数回の情報提供要請に対して同一かつ実質的な内容がない回答をしていることに対し深刻な懸念を表明」、「北朝鮮に対し、全ての強制失踪の申立てへの対処に当たり、拉致被害者及びその家族の声に真摯に耳を傾け、速やかに被害者の家族に対する被害者の安否及び所在に関する正確、詳細かつ完全な情報の誠実な提供、全ての拉致被害者に関する全ての問題の即時解決、特に全ての日本人及び韓国人拉致被害者の即時帰国の実現を改めて強く要求」するなどの文言が含まれた。

また、令和5年8月には、日本、米国、韓国及びアルバニアの要請により拉致問題を含む北朝鮮の人権状況を協議するための安保理公開会合を平成29年12月以来約6年ぶりに開催した。会合では多くの国が拉致問題を含む北朝鮮の深刻な人権侵害について言及しつつ、北朝鮮による全体主義的体制、人々の福祉を犠牲にした大量破壊兵器・ミサイル開発、海外の北朝鮮人の強制労働による外貨獲得が同開発の資金源であること等を指摘し、北朝鮮の人権状況と核・ミサイル問題などの国際の平和と安全の関連は明確であると指摘した。協議後に発出された同志国による共同ステートメントには、我が国を含む52か国及び欧州連合（EU）が参加し、拉致問題に関する内容が含まれている。

⑻ 北朝鮮当局による人権侵害問題に対する適切な対応

　法務省の人権擁護機関では、全国の法務局・地方法務局又はその支局や特設の人権相談所において人権相談に応じている。人権相談等を通じて、北朝鮮当局によって拉致された被害者等に関する嫌がらせ等の人権侵害の疑いのある事案を認知した場合は、人権侵犯事件として調査を行い、事案に応じた適切な措置を講ずることとしている。

人権侵犯事件数（開始件数）	令和元年	令和2年	令和3年	令和4年	令和5年
北朝鮮当局によって拉致された被害者等に対する人権侵犯	0	0	0	0	0

（法務省人権擁護局の資料による）

14　令和5年度啓発活動強調事項に掲げた人権課題

　政府は、人権教育・啓発に関する基本計画の「各人権課題に対する取組」に掲げられていない人権課題についても、それぞれの問題状況に応じて、その解決に資する施策を実施している。

　その中には、広島・長崎の原子爆弾被爆者に関する人権問題として、被爆に関するいわれなき差別や風評被害等といった、筆舌に尽くし難い長年にわたり生じている人権問題等、唯一の戦争被爆国である我が国において、引き続き、施策強化を必要とするものもある。

　ここでは、法務省の人権擁護機関が啓発活動の強調事項として掲げている課題を取り上げ、各府省庁が取り組んだ人権教育・啓発の施策を取りまとめた。

⑴　ホームレスの人権及びホームレスの自立の支援等

　平成14年に制定された「ホームレスの自立の支援等に関する特別措置法」（平成14年法律第105号）では、ホームレスの自立の支援等に関してはホームレスの人権に配慮することが定められている。同法は10年間の時限法として制定されたものであるが、平成24年6月にその期限が5年間延長され、平成29年6月に更に10年間延長されたところである。

　また、同法に基づき、令和5年7月にホームレスの実態に関する全国調査の結果を踏まえて策定した「ホームレスの自立の支援等に関する基本方針」では、ホームレス及び近隣住民の双方の人権に配慮しつつ、啓発広報活動、人権相談等の取組により、ホームレスの人権の擁護を推進することが必要であること等が盛り込まれている。

　これらも踏まえ、法務省の人権擁護機関では、「ホームレスに対する偏見や差別をなくそう」を強調事項の一つとして掲げ、啓発冊子の配布等、各種人権啓発活動を実施している。

　また、全国の法務局・地方法務局又はその支局や特設の人権相談所において人権相談に応じている。人権相談等を通じて、ホームレスに対する嫌がらせ等の人権侵害の疑いのある事案を認知した場合は、人権侵犯事件として調査を行い、事案に応じた適切な措置を講ずることとしている。

人権侵犯事件数（開始件数）	令和元年	令和2年	令和3年	令和4年	令和5年
ホームレスに対する人権侵犯	3	1	1	0	0

（法務省人権擁護局の資料による）

⑵　性的マイノリティに関する人権

　令和5年6月、性的指向及びジェンダーアイデンティティの多様性に寛容な社会の実現に資することを目的として、「性的指向及びジェンダーアイデンティティの多様性に関する国民の理解の増進に関する法律」（令和5年法律第68号。以下「理解増進法」と

いう。）が議員立法により成立・施行された。

　政府は、理解増進法に基づき、全ての国民が、その性的指向又はジェンダーアイデンティティにかかわらず、等しく基本的人権を享有するかけがえのない個人として尊重されるものであるとの理念にのっとり、性的指向及びジェンダーアイデンティティを理由とする不当な差別はあってはならないものであるとの認識の下に、相互に人格と個性を尊重し合いながら共生する社会の実現を目指しており、関係府省庁が横断的に連携し、性的指向及びジェンダーアイデンティティの多様性に関する国民の理解の増進に関する施策を総合的かつ効果的に推進することとしている。

ア　内閣府では、理解増進法の趣旨や目的に関するQ&Aやリーフレットを作成し、内閣府ホームページ（https://www8.cao.go.jp/rikaizoshin/index.html）に掲載するとともに、リーフレットについては、令和6年3月に地方公共団体等を通じて、国民一般への配布を行った。

　また、理解増進法に基づく学術研究等の一環として、国内外の性的指向及びジェンダーアイデンティティに関する既存の調査、研究等の収集、整理及び分析を行った。

　これらのほか、各地方公共団体における政策や取組についての相談を行う一助となることや、国及び地方公共団体間の連携を促すことを目的として、都道府県・政令指定都市における性的指向・ジェンダーアイデンティティ理解増進施策の担当課の一覧を作成し、内閣府ホームページに掲載している。

　さらに、国民の理解の増進に関する施策の総合的かつ効果的な推進を図るための連絡調整を行うことを目的とし、内閣府を始めとする関係府省庁で構成する「性的指向・ジェンダーアイデンティティ理解増進連絡会議」を令和5年8月以降に計4回開催するなど、関係省庁と連携しつつ国民の理解の増進に関する取組を推進している。

イ　法務省の人権擁護機関では、「性的マイノリティに関する偏見や差別をなくそう」を強調事項として掲げ、講演会等の開催、啓発冊子の配布等、各種人権啓発活動を実施している。

　その一環として、性的マイノリティの人権問題を含めた職場における各種人権問題について解説した啓発冊子及び啓発動画「企業と人権〜職場からつくる人権尊重社会〜」や、啓発動画「あなたが　あなたらしく生きるために　性的マイノリティと人権」について、全国の法務局・地方法務局における配布・貸出し、YouTube法務省チャンネルでの配信等を行っている。

　また、令和5年3月には、企業・団体における性的マイノリティに関する取組を促進するとともに、社会全体の性的マイノリティの方々に対する理解の増進に資するよう、企業等の取組事例を紹介する特設サイト「Ｍｙじんけん宣言・性的マイノリティ編」を開設し、同年7月から投稿型コンテンツとして本格的な運用を開始している。

　さらに、全国の法務局・地方法務局又はその支局や特設の人権相談所において人権相談に応じている。人権相談等を通じて、性的マイノリティに関する嫌がらせ等の人

権侵害の疑いのある事案を認知した場合は、人権侵犯事件として調査を行い、事案に応じた適切な措置を講じている。

人権侵犯事件数（開始件数）	令和元年	令和2年	令和3年	令和4年	令和5年
性的マイノリティに関する人権侵犯	17	17	9	9	26

（法務省人権擁護局の資料による）

「Myじんけん宣言・性的マイノリティ編」
特設サイト

ウ　文部科学省では、平成27年4月、「性同一性障害に係る児童生徒に対するきめ細かな対応の実施等について」を通知し、学校における適切な教育相談の実施等を促している。また、平成28年4月、「性同一性障害や性的指向・性自認に係る、児童生徒に対するきめ細かな対応等の実施について」（教職員向けパンフレット）を文部科学省ホームページ（https://www.mext.go.jp/b_menu/houdou/28/04/__icsFiles/afieldfile/2016/04/01/1369211_01.pdf）において公表するとともに、同年7月、全国の小中高等学校等に配布し、各都道府県教育委員会等の人権教育担当者を対象とした会議や独立行政法人教職員支援機構が実施する人権教育推進研修等においても、周知徹底を図っている。令和4年12月に公表した改訂版生徒指導提要において、「性的マイノリティ」に関する課題と対応について新たに追記し、教職員への適切な理解の促進、教職員の人権感覚の醸成及び相談体制の整備が重要であること、「性的マイノリティ」とされる児童生徒への配慮と他の児童生徒への配慮との均衡を取りながら支援を進めること等について記載し、適切な対応を求めている。また、日本学生支援機構と文部科学省の協力の下、平成30年12月に作成した「大学等における性的指向・性自認の多様な在り方の理解増進に向けて」（教職員向け啓発資料）を活用し、令和5年度においても、大学等の教職員が出席する会議等を通じて、学生の意思等に配慮したきめ細かな対応を依頼するなどの取組を実施している。

　このほか、理解増進法の成立・施行を踏まえ、同法の趣旨や、文部科学省における性的マイノリティの児童生徒等への対応に関する取組について、教育委員会や大学等に周知を行った。

エ　厚生労働省では、性的マイノリティに関することを理由としたものも含め、社会的なつながりが希薄な方々の相談先として、24時間365日無料の電話相談窓口を設置するとともに、必要に応じて面接相談や同行支援を実施して具体的な解決につなげる寄り添い支援を行っている。

　また、職場における性的マイノリティに関する理解を促進するため、性的マイノリ

ティに関する企業の取組事例等を調査する事業を実施し、調査結果等をまとめた事例集等を作成し、周知している。

このほか、男女雇用機会均等法に基づく職場におけるセクシュアルハラスメント防止のための指針において、相手が性的マイノリティであるかどうかにかかわらず、性的な言動がセクシュアルハラスメントに該当する旨を明記しており、また、労働施策総合推進法に基づく職場におけるパワーハラスメント防止のための指針において、性的マイノリティに関する侮辱的な言動を行うこと等をパワーハラスメントに該当すると考えられる例として明記している。

さらに、公正な採用選考についての事業主向けパンフレット等に「性的マイノリティなど特定の人を排除しない」旨記載し、ホームページ上にも公表している。

⑶ 人身取引（性的サービスや労働の強要等）事犯への適切な対応

人身取引（性的サービスや労働の強要等）は重大な人権侵害であり、人道的観点からも迅速・的確な対応が求められている。これは、人身取引が、その被害者に対して深刻な精神的・肉体的苦痛をもたらし、その被害の回復は非常に困難だからである。

ア　政府は、「人身取引対策行動計画2022」（令和4年12月）に基づき、関係閣僚から成る「人身取引対策推進会議」を随時開催するなどして関係行政機関が緊密な連携を図りつつ、人身取引の防止・撲滅と被害者の適切な保護を推進している。

令和5年6月、人身取引対策推進会議の第9回会合を開催し、我が国における人身取引による被害の状況や、関係府省庁による人身取引対策の取組状況等をまとめた年次報告「人身取引（性的サービスや労働の強要等）対策に関する取組について」を決定・公表し、引き続き、人身取引の根絶を目指し、人身取引対策に係る取組を着実に進めていくことを確認した。

イ　出入国在留管理庁では、人身取引対策への取組を、「出入国在留管理」（出入国在留管理行政の現状についての報告書）、パンフレット及びホームページに掲載しており、ホームページにおいては多言語で人身取引被害者の保護に必要な情報を提供している。

また、政府全体としての「外国人労働者問題啓発月間」に時期を合わせて、令和4年度から、毎年6月を「共生社会の実現に向けた適正な外国人雇用推進月間」として、国民を始め、外国人を雇用する企業、関係団体等に、外国人の人権に配慮した適正な雇用等に係る啓発活動を行っている。

ウ　法務省の人権擁護機関では、「人身取引をなくそう」を強調事項の一つとして掲げ、啓発冊子の配布等、各種人権啓発活動を実施している。

また、全国の法務局・地方法務局又はその支局や特設の人権相談所において人権相談に応じている。人権相談等を通じて、性的サービスや労働の強要等の人権侵害の疑いのある事案を認知した場合は、人権侵犯事件として調査を行い、事案に応じた適切な措置を講ずることとしている。さらに、平成27年10月から、人権侵犯事件の調査救

済手続において、男性を含めた人身取引被害者に対し、緊急避難措置として宿泊施設を提供する制度を運用している。

人権侵犯事件数（開始件数）	令和元年	令和2年	令和3年	令和4年	令和5年
人身取引に関する人権侵犯	0	0	0	0	0

（法務省人権擁護局の資料による）

エ　外務省では、被害者の我が国への入国を未然に防止する観点から、在外公館等における査証審査を厳格に行っており、また、各領事研修において査証審査官に対し、人身取引対策の研修を定期的に行っている。また、外務省ホームページ上で「人身取引対策に伴う査証審査厳格化措置」についての広報活動を実施している。

さらに、平成16年以降、令和2年まで関係省庁から構成される「人身取引対策に関する政府協議調査団」を延べ27か国・地域に派遣し、派遣先の政府関係機関、国際機関現地事務所及び現地NGO等との意見交換を通じて、人身取引の被害実態、訴追・保護への取組、課題等を双方で把握し、連携を強化した。

加えて、我が国で認知された外国人人身取引被害者に対しては、国際移住機関（IOM）への拠出を通じ、人身取引被害者の帰国支援及び帰国後の社会復帰支援事業（就労・職業支援、医療費の提供等）を行っており、平成17年5月1日以降令和6年1月31日までに、計362人の被害者が同事業により母国への安全な帰国を果たした。

そのほか、外国人被害者の相談窓口等を記載した警察庁作成の多言語対応リーフレットや内閣府作成のポスター及びリーフレットを在外公館等に配布し、人身取引の啓発と被害者の認知促進に努めている。

オ　内閣府では、人身取引の被害者向け及び需要者向けの2種類の啓発用ポスター及びリーフレットを作成し、地方公共団体、空港・港湾、大学・高等専門学校等、日本旅行業協会、国際移住機関（IOM）、その他関係機関等に配布するとともに、SNSを活用し、我が国における人身取引の実態、人身取引の防止・撲滅及び被害者の保護に係る取組に関する広報を実施し、被害に遭っていると思われる者を把握した際の通報を呼び掛けた。

ポスター
「人身取引対策」（被害者向け）

ポスター
「人身取引対策」（需要者向け）

カ　警察庁では、人身取引被害の警察等への連絡を呼び掛けるリーフレットを多言語で作成し、人身取引被害者等の目に触れやすい場所へ配布するなどしているほか、NGOと意見交換をしながら人身取引の実態を示した資料を作成し、リーフレットとともに警察庁ウェブサイトに掲載している。

リーフレット「人身取引対策」

また、警察庁の委託を受けた民間団体が市民から匿名による人身取引事犯等に関する通報を受け付ける「匿名通報事業」（https://www.tokumei24.jp/）を運用している。

キ　厚生労働省では、人身取引対策行動計画2022に基づき、婦人相談所（※）において、国籍・年齢を問わず、人身取引被害女性の保護を行い、その宗教的生活や食生活を尊重した支援を実施している。

※令和6年4月1日から「女性相談支援センター」に名称を変更している。

⑷　震災等の災害に伴う人権問題

平成23年3月11日に発生した東日本大震災は、被災地域が東日本全域に及び、死者1万5,900人、行方不明者2,520人の甚大な人的被害が生じた（警察庁調べ）未曾有の大災害である。また、地震と津波に伴い発生した東京電力福島第一原子力発電所事故は、被害をより深刻なものとした。東日本大震災による避難者は、被害の大きかった岩手県、宮城県及び福島県を中心に令和6年2月1日時点で2万9,328人に及んでいる（復興庁調べ）。

このような大きな災害の発生時において、不確かな情報に基づき他人を不当に扱ったり、被災者等に対する偏見や差別を助長するような情報を発信したりするなどの行動は、人権侵害に当たり得るのみならず、避難や復興の妨げにもなりかねない。

令和6年1月1日に発生した令和6年能登半島地震においては、インターネット上の偽・誤情報が流通・拡散したことから、法務省及び総務省は、それぞれのSNSアカウントにより、正しい情報と冷静な判断に基づき、思いやりの心を持って行動すること、真偽の不確かな情報については、安易に拡散せず、国、地方自治体などの行政機関や国際機関などの専門機関、新聞やテレビなどの報道機関やファクトチェック団体が発表している情報を確認すること、どのような意図であれ、SNS等に偽・誤情報を投稿する行為は、社会を混乱させたり、他人に迷惑をかけたり、罪になる場合もあるため、くれぐれも慎むこと等の注意喚起を実施したほか、総務省は、主要なSNS等のプラットフォーム事業者に対し、利用規約等を踏まえた適正な対応を行うよう要請も行った。

ア　避難生活における啓発等

㋐　法務省の人権擁護機関では、「震災等の災害に起因する偏見や差別をなくそう」を強調事項の一つとして掲げ、啓発冊子の配布のほか、誰もが当事者になり得る避

難生活の実情を提示し、それを支援するために必要となる人権的配慮や、将来を担うこどもたちへの適切な支援・教育について自発的に考えることを促すための啓発資料として、これまで開催してきた「災害と人権に関するシンポジウム」のダイジェスト動画を配信するなどの各種人権啓発活動を実施している。

　また、風評に基づく差別的取扱い等、災害に伴って生起する様々な人権問題に対処するとともに、新たな人権問題の発生を防止するため、被災者の心のケアを含めた人権相談に応じている。人権相談等を通じて、震災等の災害に起因する偏見や差別等の人権侵害の疑いのある事案を認知した場合は、人権侵犯事件として調査を行い、事案に応じた適切な措置を講ずることとしている。

人権侵犯事件数（開始件数）	令和元年	令和2年	令和3年	令和4年	令和5年
災害に起因する人権侵犯	0	0	0	0	0

（法務省人権擁護局の資料による）

(イ)　文部科学省では、被災したこどもの心のケア等への対応のため、学校等にスクールカウンセラー等を派遣するために必要な経費を支援している。令和5年度予算においても、被災地方公共団体の要望を踏まえ、スクールカウンセラー等を派遣するために必要な措置をしている。

イ　原発事故に伴う風評被害等

(ア)　東日本大震災から13年が経過したが、東京電力福島第一原子力発電所事故に伴う風評に基づく偏見、差別は今なお懸念されている。

　法務省の人権擁護機関では、東京電力福島第一原子力発電所事故に伴う風評に基づく差別的取扱い等、東日本大震災に伴って生起する様々な人権問題について対処するとともに、新たな人権侵害の発生を防止するため、文部科学省が小・中・高等学校等向けの資料として作成している放射線副読本について、法務省ホームページにおいても周知するなど、各種人権啓発活動を実施している。

(イ)　文部科学省では、神奈川県横浜市などで東京電力福島第一原子力発電所事故により避難している児童生徒がいじめに遭い、学校等が適切な対応を行わなかった事案を受けて、平成28年12月、被災児童生徒を受け入れる学校に対して、①原発事故の避難者である児童生徒を含め、被災児童生徒へのいじめの有無等の確認を行うこと、②被災児童生徒に対して、心のケア等、日常的に格別の配慮を行うこと等の対応を求める通知を発出した。また、平成29年3月、「国のいじめ防止基本方針」を改定し、被災児童生徒に対するいじめの未然防止・早期発見に取り組むことを新たに盛り込み、教職員に対して適切な対応を求めている。さらに、平成29年4月11日、被災児童生徒へのいじめの防止について、全国の児童生徒、保護者、地域住民、教育委員会等の職員、学校の教職員に向けて、文部科学大臣からメッセージを発表した。令和5年度においては、引き続き、各教育委員会等の生徒指導担当者等を対象とした

いじめに関する行政説明の開催等を通じて、上記の内容を含め、各教育委員会・学校等に対し、被災児童生徒へのいじめに対する適切な対応を求めた。

また、児童生徒が放射線に関する科学的な知識を身に付け、理解を深めることができるよう、放射線副読本を全国の小・中・高等学校等に周知した。この中では、避難児童生徒に対する差別やいじめを防止する内容も記載している。

トピックス

「ビジネスと人権」に関する我が国の取組

企業活動のグローバル化が進む中、投資家、市民社会、消費者等において、企業に対して人権尊重を求める意識が高まっています。平成23年の第17回国連人権理事会（※）においては、人権を保護する国家の義務や人権を尊重する企業の責任、ビジネス関連の人権侵害に関する救済へのアクセスについての原則を示した「ビジネスと人権に関する指導原則：国連『保護、尊重及び救済』枠組みの実施」（以下「指導原則」という。）が全会一致で支持されました。また、平成27年に、国連において、「誰一人取り残さない」世界の実現を目指す「持続可能な開発目標（SDGs（Sustainable Development Goals））」が定められた際にも、指導原則遵守の重要性が改めて確認されており、企業がSDGsに取り組む上で、人権を尊重した行動をとることが求められています。

このような「ビジネスと人権」に対する国内外の関心の高まりを受けて、平成28年、政府は指導原則の着実な履行の確保を目指し、また、SDGsの達成に向けた主要な取組の一つとして、ビジネスと人権に関する行動計画を策定することを決定しました。その後、企業活動に関連する我が国の法制度や施策等の現状把握、経済界・労働界・法曹界・学識経験者・市民社会・消費者団体・海外有識者等との議論、パブリックコメント等が行われ、令和2年10月、関係府省庁連絡会議において、「『ビジネスと人権』に関する行動計画」（以下「行動計画」という。）が策定されました。

行動計画では、企業活動における人権尊重の促進を図るため、今後政府が取り組む各種施策が記載されているほか、企業に対し、人権デュー・ディリジェンス（企業活動における人権への影響の特定、予防・軽減、対処、情報提供を行うこと）導入への期待が表明されています。

この行動計画のフォローアップの一環として、令和3年9月から10月にかけて、経済産業省と外務省が共同し、日本企業のサプライチェーンにおける人権に関する取組状況のアンケート調査を実施しました。当時の東証一部二部上場企業等2,786社を対象に、760社から回答を得た調査の結果、人権デュー・ディリジェンスを実施している企業は回答企業の約5割にとどまるなど、日本企業の取組にはなお改善が必要であることが明らかになりました。また、同調査では、政府に対する要望として、ガイド

ライン整備を期待する声が多く寄せられ、人権尊重への取組が進んでいない企業の半数からは、具体的な取組方法が分からないとの回答も寄せられました。

　政府は、このような状況を踏まえ、国際スタンダードを踏まえた企業による人権尊重の取組を更に促進すべく、令和４年３月、経済産業省において「サプライチェーンにおける人権尊重のためのガイドライン検討会」を設置して検討を重ね、同年９月、政府として「責任あるサプライチェーン等における人権尊重のためのガイドライン」（以下「ガイドライン」という。）を策定・公表しました。ガイドラインは、指導原則、「OECD多国籍企業行動指針」及び国際労働機関（ILO）の「多国籍企業及び社会政策に関する原則の三者宣言」を始めとする国際スタンダードを踏まえ、企業に求められる人権尊重の取組について、日本で事業活動を行う企業の実態に即して、具体的かつ分かりやすく解説し、企業の理解の深化を助け、その取組を促進することを目的としたものです。また、令和５年４月には、政府として、公共調達における人権配慮に関する方針についての決定を行うとともに、経済産業省において、中小企業を始めとして、本格的に人権尊重の取組を行ったことのない企業がガイドラインに沿った取組を進めていく際の後押しとなる資料として「サプライチェーンにおける人権尊重のための実務参照資料」（以下「実務参照資料」という。）を作成・公表しました。そのほか、経済産業省では、ガイドラインや実務参照資料の活用を促すため、中小企業庁と連携した中小企業向けのセミナー、経済産業省主催の取組支援セミナーを開催し、積極的な周知広報活動を実施しています。

　さらに、経済産業省では、ILOへの拠出を通じて、全国社会保険労務士会連合会と協力して、中小企業の人権尊重の取組をサポートできる専門人材を育成するなど、企業の人権尊重の取組を後押しする活動に取り組んでいます。加えて、アジアに展開する日本企業の人権デュー・ディリジェンス等に関する好事例集を公表しました。

　行動計画の周知、人権デュー・ディリジェンスに関する啓発については、行動計画においても、全府省庁で行うこととされており、各府省庁で各種取組が行われています。

　外務省では、ビジネスと人権関連情報を紹介するポータルサイトを立ち上げ、ビジネスと人権の周知を目的とした啓発資料「誰一人取り残さない社会に向けて」、指導原則広報動画、行動計画広報動画（日本語・英語）等を配信して、企業活動における人権尊重の促進を図るとともに、行動計画等を紹介する動画発信やビジネスと人権に関する企業の取組事例集（和文・英文）の公表等を通じ、企業活動における人権尊重の考え方の普及や啓発活動を行ってきています。また、行動計画の実施状況の確認に当たって、必要な検討及び決定を関係府省庁が連携して行う場として、内閣官房副長官補の下で、「ビジネスと人権に関する行動計画の実施に係る関係府省庁施策推進・連絡会議」を開催しています。さらに、幅広い関係者との対話の場である円卓会議及び、その下に設けた作業部会の開催を通じ、行動計画のフォローアップについて、ス

テークホルダーと議論を進めてきています。

　国際場裡では、令和5年5月に、G7広島サミット首脳コミュニケにおいて、G7内外でビジネスと人権に関する議論を深める必要性を強調しました。また、各種フォーラムやセミナー等において、行動計画策定の知見共有、ガイドラインの策定を含む我が国の取組の紹介、人権デュー・ディリジェンスに関する啓発を行っており、特にアジアにおけるピアラーニング（学習者が互いに協力しながら学び合う学習方法）の強化に力を入れてきています。さらに、国際機関を通じて、東南アジアを始め各国における行動計画の策定を支援し、そこで事業活動を行う日本企業及びその取引先（サプライヤー）の人権デュー・ディリジェンス導入支援も実施しています。アジア諸国においては、ILOを通じて、アジアにおける責任ある企業行動を推進するため、バングラデシュ、カンボジア、ベトナムにおける日本企業の海外取引先企業などに対する人権デュー・ディリジェンスの実施支援や、人権・労働環境向上のためのアドバイスの提供、国際労働基準に精通した人材の育成支援といった事業を実施しています。令和5年9月には、アジア諸国でビジネスと人権に関する議論を深める機会として、ILOと共同してインドネシア・ジャカルタにおいてビジネスと人権についての対話イベントを開催しました。

　法務省の人権擁護機関においても、企業関係者等を対象に、行動計画に基づく企業行動が国際社会を含む社会全体の人権の保護・促進に貢献し、企業価値の向上に寄与することへの理解を促進するとともに、人権的視点に立った企業活動を促すため、各種取組を実施しています。令和5年度には、企業等が自ら研修を実施するための啓発資料「今企業に求められる『ビジネスと人権』への対応」を改訂するとともに、YouTube法務省チャンネルで研修用動画を配信しています。また、企業・団体及び個人が、人権を尊重する行動をとることを宣言する投稿型コンテンツの特設サイト「Myじんけん宣言」についても、インターネット動画広告等による周知を行うなどして、企業等に参加を呼び掛けており、700を超える企業等の方々が、自らの人権尊重に対する決意等を「Myじんけん宣言」として表明しています。さらに、全国の法務局・地方法務局において、企業等からの要望に応じて、法務局職員や人権擁護委員を派遣して人権研修を実施したり、企業内で問題となることの多い人権課題をテーマとした啓発動画及び啓発冊子「企業と人権～職場からつくる人権尊重社会」の配信・配布を行ったりするなど、ビジネスと人権に取り組む企業等を支援する取組を実施しています。これらの人権に配慮した企業活動を一層促進するには、消費者の理解を促すことも重要です。上記の「Myじんけん宣言」特設サイトは、人権尊重のために取り組む企業等の姿勢を消費者の立場から確認し、理解を深める場にもなっています。

　加えて、消費者庁においても、人や社会・環境に配慮した消費行動であるエシカル消費の普及に取り組んでいます。

　国際社会においても、ビジネスと人権がますます注目される中、我が国においては、

行動計画の趣旨を踏まえ、ビジネスと人権に関する関係府省庁の政策の一貫性を確保し、各種取組を通じ、責任ある企業行動と、国際社会を含む社会全体の人権の保護を促進させ、日本企業の企業価値と国際競争力の向上、そしてSDGs達成への貢献を図っていきます。

　※国連人権理事会は、国連における人権の主流化の流れの中で、人権問題への対処能力強化のため、国連総会の下部機関として平成18年にスイス・ジュネーブに設置されました。

 （参考）ビジネスと人権ポータルサイト
　　　　（外務省ホームページ）

「Ｍｙじんけん宣言」特設サイト

小泉法務大臣の「Ｍｙじんけん宣言」

「今企業に求められる『ビジネスと人権』への対応」（冊子・動画）

トピックス

職場におけるハラスメント防止対策の推進

　パワーハラスメントやセクシュアルハラスメント等の職場におけるハラスメントは、個人の尊厳や人格を不当に傷つけるなど、人権に関わる許されない行為です。都道府県労働局や労働基準監督署等に設けられた総合労働相談コーナーには、職場のいじめ・嫌がらせやハラスメントに関する相談が数多く寄せられており、職場におけるハラスメントは社会問題として顕在化しています。

　労働施策総合推進法等により、全ての事業主に対し、職場におけるパワーハラスメント、セクシュアルハラスメント、妊娠・出産等に関するハラスメント、育児休業等に関するハラスメントの防止のための雇用管理上の措置が義務付けられています。

　厚生労働省では、職場におけるパワーハラスメント、セクシュアルハラスメント、妊娠・出産等に関するハラスメント、育児休業等に関するハラスメントの防止措置が

徹底されるよう、事業主への周知を行っています。また、法律に基づく措置を講じていない事業主に対しては、都道府県労働局において助言・指導等を適切に行っており、事業主と労働者の間に紛争が生じた場合には、円滑かつ迅速な解決が図られるよう援助を行っています。あわせて、職場におけるハラスメントの防止対策を促進するため、ハラスメント総合情報ポータルサイトの運営やパンフレット等による周知・啓発を実施しています。

さらに、顧客等からの著しい迷惑行為（いわゆるカスタマーハラスメント）については、労働施策総合推進法に基づくパワーハラスメント防止のための指針において事業主が雇用管理上の配慮として行うことが望ましい取組を定め、「カスタマーハラスメント対策企業マニュアル」やポスター等を活用した周知・啓発を実施しています。

ポスター
「Noハラスメント」

ポスター
「STOP!カスタマーハラスメント」

第3章

人権に関わりの深い
特定の職業に従事する者
に対する研修等

1　研修

(1)　検察職員

　検察職員に対しては、経験年数に応じて実施する各種研修において、人権等に関する講義を実施しているほか、日常業務における上司による指導等を通じ、基本的人権を尊重した検察活動の徹底を図っている。

　令和5年度の研修としては、新任検事を対象とした「新任検事研修」や任官後おおむね3年前後の検事を対象とした「検事一般研修」等において、犯罪被害者や被疑者・被告人等の人権に関する講義及び国際人権関係条約に関する講義等を実施した。

(2)　矯正施設職員

　初任研修課程及び任用研修課程において、新採用職員、幹部職員等に対し、被収容者の権利保障・国際準則等、人権啓発、個人情報の保護、犯罪被害者の人権、セクシュアルハラスメント等に係る講義を実施しているほか、憲法、成人矯正法等の講義においても人権に関する視点を取り入れている。

　また、令和5年度は、専門研修課程において、矯正施設で勤務し、被収容者の処遇等に従事する職員に対し、相手の立場に立ち、相手の気持ちを考えながら冷静な対応ができる能力を習得させるとの観点から、民間プログラムによる実務に即した行動科学的な視点を取り入れた研修を行った（「アンガー・マネジメント」研修：刑事施設の中間監督者及び少年鑑別所の専門官等40人。その他別途指定した施設において臨時的に実施）。

　さらに、矯正施設の上級幹部職員を対象として、組織マネジメントやリーダーシップの在り方に重点を置いた研修を実施するなど、管理職の人権意識の向上に努めている。

　このほか、各矯正施設においては、事例研究、ロールプレイング等の実務に即した自庁研修を行うなど、職員の人権意識の向上に努めている。

(3)　更生保護官署関係職員

　更生保護官署関係職員を対象として、在職年数等に応じて実施している各種研修において、保護観察官に対しては、犯罪被害者及び保護観察等対象者等の人権等に関する講義を、社会復帰調整官に対しては、対象行為の被害者及び医療観察対象者の人権等に関する講義を、それぞれ実施するなどしており、令和5年度は延べ333人に対して、人権に関する講義を実施した。

　保護観察所が実施している全ての保護司を対象とした地域別定例研修や保護司としての経験年数等に応じた各種研修においても、保護観察等の処遇の場面で人権や個人情報の取扱い等に配慮するよう啓発に努めている。

⑷　出入国在留管理庁職員

　出入国在留管理庁職員を対象に実施している職員研修においては、各研修の目的に応じて、人権関係法規や外国人の人権等の講義科目を設置している。これら講義は、外部の専門家を講師に招くなどして実施しており、様々な視点から職員の人権意識向上を図っている。

　また、出入国在留管理官署の業務の中核を担う職員を対象として、人権に配慮した的確かつ適切な対応能力を身に付けることを目的とする人権研修を実施しており、人権に関する諸条約のほか多様な人権について講義を実施している。

　さらに、人身取引及び配偶者からの暴力（DV）事案を取り扱う中堅職員を対象に、これら事案に対する知識・意識向上のため、人身取引対策及びDV事案に係る事務従事者研修を実施している。

　人権研修並びに人身取引対策及びDV事案に係る事務従事者研修については、令和5年度は、合計53人が受講した。

⑸　教師・社会教育関係職員

　独立行政法人教職員支援機構及び各都道府県等において、人権尊重意識を高めるための研修を実施している。

　また、社会教育主事講習において人権問題を取り上げ、人権問題に関する正しい知識を持った社会教育主事の養成を図っている。令和5年度は、資格付与の講習として全国15か所の大学その他の教育機関に社会教育主事講習を委嘱した。

⑹　医療関係者

　厚生労働省では、医療関係者の養成課程において、人の尊厳を幅広く理解するための教育内容を含めることを求めるなど、患者等の人権を十分に尊重するという意識・態度の育成を図っている。

⑺　福祉関係職員

　主任児童委員を対象に、地域住民や関係機関との連携について考える研修等を実施することで、人権の尊重等についての理解を深めている。

　また、児童福祉関係施設におけるこどもの人権を尊重した支援を充実させるため、国立武蔵野学院附属人材育成センターにおいて研修を行った。

　虐待を受けたこどもの保護等に携わる者の研修の充実については、児童虐待問題や非行・暴力等の思春期問題に対応する第一線の専門的援助者の研修を行う「子どもの虹情報研修センター（日本虐待・思春期問題情報研修センター）」、「西日本こども研修センターあかし」において、児童相談所、児童福祉施設、市町村、保健機関等の職員を対象とする各種の専門研修を行うとともに、「児童福祉法等の一部を改正する法律」（平成28年法

律第63号）により、市町村の要保護児童対策地域協議会の調整機関へ配置される専門職や児童相談所の児童福祉司について研修を義務化するなど、これら職員の資質の向上を図っている。

⑻　海上保安官

海上保安庁では、海上保安大学校等における初任者教育及び職員に対する再研修において、人権に関する教育を行っている。令和5年度は、844人が受講した。

⑼　労働行政関係職員

厚生労働省では、職員の職位に応じて行われる中央研修及び都道府県労働局の新規採用職員を対象とする中央研修において、部落差別（同和問題）等を中心とする人権の講義を実施している。令和5年度は、2,179人が受講した。

⑽　消防職員

消防庁消防大学校では、消防本部の幹部職員等に対し、人権問題に関する講義を実施している。令和5年度は、261人が受講した。

⑾　警察職員

警察では、警察学校や警察署等の職場において、新たに採用された警察職員に対する採用時教育の段階から、人権の尊重を大きな柱とする「職務倫理の基本」に重点を置いた教育を行うとともに、基本的人権に配意した適正な職務執行を期する上で必要な知識・技能を修得させるための各種教育を行っている。

⑿　自衛官

防衛省では、防衛大学校、防衛医科大学校、防衛研究所、統合幕僚学校、陸・海・空の各自衛隊幹部学校等の各教育課程において、自衛官になるべき者や自衛官に対して、有事における捕虜等の人権を保護するため、「戦地軍隊における傷病者の状態の改善に関する条約」（明治41年条約第1号。以下「ジュネーヴ条約」という。）その他の国際人道法に関する教育を実施している。このうち、防衛研究所や統合幕僚学校では、ジュネーヴ条約その他の国際人道法に精通した部外講師による講演を実施している。

また、ジュネーヴ条約その他の捕虜等の取扱いに係る国際人道法の適切な実施を確保するため、捕虜等取扱い訓練を実施しており「武力攻撃事態及び存立危機事態における捕虜等の取扱いに関する法律」（平成16年法律第117号）等に基づく業務要領について演練し、捕虜等の取扱いについての知識、技能の向上を図っている。

⒀　公務員全般

ア　法務省では、中央省庁等の職員を対象とする人権に関する国家公務員等研修会を開催している。令和5年度は、「障害のある人と人権」をテーマとして、令和5年10月5日から12月28日までの期間、リモート形式にて研修を実施し、合計2,913人が受講した。

　　また、地方公共団体等の人権啓発行政に携わる職員を対象として、指導者として必要な知識やスキルを習得させることを目的とした人権啓発指導者養成研修会を実施している。令和5年度は、令和5年10月5日から12月28日までの期間、リモート形式にて研修を実施し、合計607人が受講した。

イ　人事院では、全府省の新規採用職員を対象として実施している初任行政研修において、人権諸問題に関するカリキュラムを取り入れて研修を実施した。また、法務省が作成した啓発冊子「人権の擁護」を配布するとともに、その際、人権一般に対する認識を更に深めるよう指導を行った。

ウ　外務省では、在外公館の領事担当官及び在外公館で領事を担当する予定の赴任予定者（69人）に対し、領事初任者研修の中で「国際的な子の奪取の民事上の側面に関する条約」（平成26年条約第2号。以下「ハーグ条約」という。）に関する講義及び人身取引問題に関する講義を行った。同じく、在外公館の警備対策官（領事業務を兼任する場合が多い。）として赴任予定の89人を対象に、ハーグ条約に関する講義を行った。また、新規採用職員研修等各種研修において、人権や職場での倫理規定に係る講義を行っている。

エ　自治大学校では、地方公共団体の幹部となる地方公務員の政策形成能力等を総合的に養成することを目的に高度な研修を行っており、令和5年度の人権教育については、都道府県・指定都市・中核市・施行時特例市・その他市区町村等の職員を対象とした研修において実施し、541人が受講した。

▶ 2　国の他の機関との協力

　　裁判官の研修を実施している司法研修所では、裁判官に対する研修の際に人権問題に関する各種講義等を設定している。令和5年度は、285人が受講した。

第4章

総合的かつ効果的な推進体制等

1　実施主体の強化及び周知度の向上

⑴　実施主体の強化

　人権啓発を効果的に推進するためには、人権啓発の実施主体の体制を質・量の両面にわたって強化していく必要があるが、特に、各地域に密着した効果的な人権啓発を行うためには、全国に約1万4,000人配置されている人権擁護委員の活用が有効かつ不可欠である。

　また、複雑・多様化する人権問題に適時適切に対応し、人権擁護委員活動の一層の活性化を図るためには、人権擁護委員組織体の体制を充実・強化し、人権擁護委員組織体自らが自主的かつ積極的な人権啓発活動等を推進していく体制を整備していく必要がある。

⑵　周知度の向上

　法務省では、法務省の人権擁護機関の周知を図るなどの目的のため、啓発冊子「人権の擁護」並びに人権擁護委員制度について説明したリーフレット及び冊子を作成し、人権週間や人権擁護委員の日を中心に講演会等で配布するなど、周知活動の強化を図っており、取り分け、令和5年度は、東京大学発の知識集団によるWebメディア「QuizKnock」とコラボした動画をYouTubeのQuizKnockチャンネルにおいて配信し、若年層を中心とした周知度の向上を図った。

　また、法務省の人権擁護機関による調査救済制度等を周知するためのリーフレット「法務局による相談・救済制度のご案内」を配布し、調査救済制度等の周知を図った。

啓発冊子
「人権の擁護」

冊子
「あなたの街の相談パートナー
人権擁護委員」

QuizKnockとのコラボ動画

リーフレット
「あなたの街の相談パートナー
人権擁護委員」

リーフレット
「法務局による相談・救済制度
のご案内」

▶ 2　実施主体間の連携

(1)　人権教育・啓発中央省庁連絡協議会

　平成12年9月25日、関係省庁事務次官等申合せにより、各府省庁等の教育・啓発活動について情報を交換し、連絡するための場として、「人権教育・啓発中央省庁連絡協議会」を設置した。

　例年、幹事会を開催するなどして、各府省庁が実施した教育・啓発活動や効果検証の方法等についての情報交換を行うなどしている。

(2)　人権啓発活動ネットワーク協議会

　法務省では、平成12年9月までに「人権啓発活動都道府県ネットワーク協議会」を都道府県単位（北海道については、法務局及び地方法務局の管轄区域単位）で設置し、さらに、平成20年3月までに市町村、人権擁護委員協議会等を構成員とする「人権啓発活動地域ネットワーク協議会」を全国193か所に設置した。これらのネットワーク協議会を利用して、国、地方公共団体、人権擁護委員組織体及びその他の人権啓発の実施主体が、それぞれの役割に応じて相互に連携・協力することにより、各種の人権啓発活動の効率的かつ効果的な実施に努めている。

(3)　文部科学省と法務省の連携

　法務省の人権擁護機関が実施する人権教室、啓発教材の活用や、「こどもの人権SOSミニレター」等の相談事業について、文部科学省の協力を得て学校現場に周知しているほか、人権擁護委員の学校や地域の実情に応じたコミュニティ・スクールへの参画を進めるなど、学校等と法務省の人権擁護機関との更なる連携強化を図っている。

(4)　スポーツ組織との連携・協力

　法務省の人権擁護機関では、人権尊重思想を若年層に普及させるため、フェアプレーの精神等をモットーとし、青少年層や地域社会において世代を超えた大きな影響力を有するJリーグ加盟クラブ、プロ野球球団等のスポーツ組織と連携・協力を行っており、スタジアムにおける各種人権啓発活動、人権スポーツ教室や1日人権擁護委員イベントへの選手派遣等、ファン・サポーターへの人権啓発において連携を図っている。

(5)　民間企業等と連携・協力した啓発活動

　法務省の人権擁護機関では、携帯電話会社と連携・協力し、スマートフォン等の安全な利用について学ぶための人権教室（80頁参照）や、社会福祉協議会等と連携し、障害者スポーツ体験等と組み合わせた人権教室（41頁参照）など、民間企業等と連携した人権啓発活動を実施している。

　また、「人種・障害の有無などの違いを理解し、自然に受け入れ、互いに認め合う共生社会」の実現に向けた啓発活動（人権ユニバーサル事業）を地方公共団体に委託して、民間企業、学校、障害者団体等と連携した人権啓発活動を実施している。

3　担当者の育成

⑴　人権啓発指導者養成研修会

　法務省の人権擁護機関では、地方公共団体等の人権啓発行政に携わる職員を対象として、指導者として必要な知識やスキルを習得させることを目的とした人権啓発指導者養成研修会を実施している（107頁参照）。

⑵　人権擁護事務担当職員、人権擁護委員に対する研修

　法務省では、人権擁護事務に従事する法務局・地方法務局の職員を対象とした人権擁護事務担当職員実務研修や調査救済事務担当者研修、法務局・地方法務局の人権擁護課長、支局長等を対象とした専門科研修等を実施し、人権擁護行政に携わる職員の養成をしている。

　人権擁護委員に対しては、新任委員に対する委嘱時研修を始め、初委嘱後6か月以内の委員を対象とした第一次研修、初委嘱後2年以内の委員を対象とした第二次研修、初めて再委嘱されて1年以内の委員を対象とした第三次研修等を通じて、人権擁護委員としての職務遂行に必要な知識及び技能の習得を図っているほか、人権擁護委員組織体における指導者を養成するため、人権擁護委員指導者養成研修を実施している。

　このほかにも、人権擁護委員組織体が中心となり、自主的に各種研修会を企画し、実施している。

⑶　公正採用選考人権啓発推進員に対する研修

　厚生労働省では、「公正採用選考人権啓発推進員」に対し、研修会を開催し、また、従業員の採用選考に影響力のある企業トップクラスに対し、「事業所における公正な採用選考システムの確立」について研修会を開催した。

4　人権教育啓発推進センターの充実

　人権教育啓発推進センター（10〜11頁参照）は、民間団体としての特質を生かした人権教育・啓発活動を総合的に行うナショナルセンターとしての役割を果たすため、法務省、地方公共団体等からの委託事業のほか、情報誌「アイユ」の刊行、ホームページによる情報提供、各種人権啓発パンフレットの作成、地方公共団体・企業等を対象とした研修の受託業務等の独自の事業を行っている。同センター主催の研修として、令和5

年度は、人権講座を7回開催したほか、各種セミナーを開催した。

　また、地方公共団体、各種研究団体等で制作した書籍・図画・ビデオ等を収集・購入し、同センター内に設置した人権ライブラリーにおいて、これら書籍・図画・ビデオ等の貸出し等を行っている。

　さらに、国及び地方公共団体等から提供された人権教育・啓発に関する各種情報・資料等を収集・整理し、利用者が検索・利用できるよう、人権ライブラリーのホームページ（https://www.jinken-library.jp/）を通じて情報提供を行っている。

▶ 5　マスメディアの活用及びインターネット等IT関連技術の活用等

　テレビ、ラジオ、新聞等のマスメディアやインターネットといった様々な媒体を活用し、女性に対する暴力やAV出演被害問題等の女性の人権問題、児童虐待やいじめ等のこどもの人権問題等のほか、SNSなどインターネット上での誹謗中傷対策等について広報を行った。また、「女性の人権ホットライン」、「こどもの人権110番」、「法テラス」等、各種人権相談窓口についても広く周知した。

▶ 6　民間のアイディアの活用

　法務省では、人権教育啓発推進センター（10～11頁参照）に対し、人権啓発活動の推進に効果的な啓発教材の作成、啓発動画の制作、人権シンポジウムの開催等、各種の人権啓発活動事業を委託するとともに、ポスター等の作成に当たっては、民間の制作会社の意見を取り入れるなどしている。

　また、地方公共団体等を対象とする人権啓発指導者養成研修会や法務局・地方法務局の人権担当者に対する研修等において、民間から各人権課題に関する専門家等を講師として招き、講義等を行っている。

　さらに、「人種・障害の有無などの違いを理解し、自然に受け入れ、互いに認め合う共生社会」、いわゆる「ユニバーサル社会」を実現するため、民間企業や学校、障害者団体等と連携した人権啓発活動である「人権ユニバーサル事業」を地方公共団体へ委託し、実施している。

特集

こども・若者の人権をめぐる取組

「第２章　２　こども」（21頁参照）においても、記述したとおり、いじめの重大事態の件数や児童虐待の相談対応件数が高水準で推移するなど、こどもを取り巻く環境は、依然として厳しい状況にある。政府においては、こども家庭庁を司令塔に政府一体となって、取組を進めているところ、本特集では、こども・若者政策に関する枠組みといじめ防止対策や児童虐待防止対策等について、令和５年度における取組を紹介する。

○こども基本法

　児童虐待の相談対応件数や不登校、小中高生の自殺、ネットいじめの件数が過去最高水準となるなど、こどもを取り巻く厳しい環境等を背景に、令和３年12月21日に閣議決定された「こども政策の新たな推進体制に関する基本方針」において、常にこどもの視点に立ち、こどもの最善の利益を第一に考え、こどもに関する取組・政策を我が国社会の真ん中に据える「こどもまんなか社会」を目指すための新たな司令塔として、こども家庭庁を創設することが明記された。これを受け、「こども家庭庁設置法」（令和４年法律第75号）等が令和４年６月15日に成立し、令和５年４月１日から、こどもの権利利益の擁護等を任務とするこども家庭庁が設置された。

　こども家庭庁設置法等と併せて、こども施策を社会全体で総合的かつ強力に実施していくための包括的な基本法としてこども基本法が成立し、令和５年４月１日に施行された。こども基本法は、次代の社会を担う全てのこどもが、生涯にわたる人格形成の基礎を築き、自立した個人としてひとしく健やかに成長することができ、こどもの心身の状況、置かれている環境等にかかわらず、その権利の擁護が図られ、将来にわたって幸福な生活を送ることができる社会の実現を目指し、こども施策を総合的に推進することを目的としているほか、憲法や児童の権利条約の趣旨を踏まえ、こども施策に通底する基本理念を定めている。

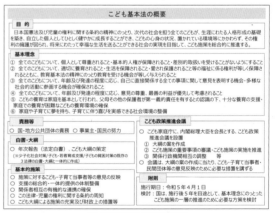

こども基本法の概要

○こども大綱

　令和５年12月22日、こども基本法に基づく我が国初のこども大綱が策定された。こども大綱は、幅広いこども施策を総合的に推進するため、今後５年程度の基本的な方針や重要事項を一元的に定めるものである。こども大綱では、全てのこども・若者が身体的・精神的・社会的に幸福な生活を送ることができる「こどもまんなか社会」の実現を目指している。また、こども施策に関する基本的な方針として、こども・若者を権利の主体として認識し、その多様な人格・個性を尊重し、権利を保障し、こども・若者の今とこれからの最善の利益を図ることなど六つの基本的な方針を定めており、こどもや若者に

関わる全ての施策において、こども・若者の視点や権利を主流化し、権利を基盤とした施策を推進することとしている。さらに、こども施策に関する重要事項として、こども・若者が権利の主体であることを社会全体で共有するため、こども基本法の趣旨や内容について理解を深めるための情報発信や啓発等に取り組むこととしている。

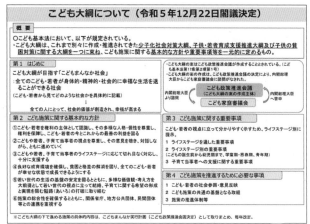

こども大綱について（概要）

○いじめ防止対策

　文部科学省では、令和5年度より、いじめの重大事態について網羅的に報告を求め、重大事態の発生時から進捗を確認し、必要な支援や助言を行うことに加え、調査報告書の収集・分析をし、政策立案への活用等を実施している。

　また、いじめの重大事態件数が令和4年度には過去最多の923件となったことから、「不登校・いじめ緊急対策パッケージ」を策定し、1人1台端末等を活用した児童生徒の悩みや不安の早期発見のほか、重大事態の未然防止に向けた地方公共団体への個別サポートチームの派遣等により、いじめ防止対策の強化に取り組んでいる。

　こども家庭庁では、主に学校におけるいじめ防止対策に取り組む文部科学省とも連携をした上で、学校外でのいじめを含めたこどものいじめの防止を担うこととしており、いじめの防止に向けた地方公共団体における具体的な取組や体制づくりを実施することで、社会総掛かりでいじめ問題に取り組んでいる。

　具体的には、令和5年度から新たに、「学校外からのアプローチによるいじめ解消の仕組みづくりに向けた手法の開発・実証」事業を実施している。これは、地方公共団体の首長部局が学校外からいじめ防止対策に取り組むことで、学校におけるアプローチ等と相まって、いじめの長期化・重大化防止を目指すものである。本事業では、地方公共団体の首長部局において、専門家の活用等により、学校における対応のほかに、いじめの相談から解消まで取り組む手法等の開発・実証を8団体で実施した。これらの取組に関し、いじめの専門的見地から伴走支援を行う事業者と連携し、成果を取りまとめたほか、地方公共団体の取組の事例発表や、こどもまんなか社会の実現に向けて必要ないじめ防止対策を考えるシンポジウムを開催した。

令和5年度「学校外からのアプローチによるいじめ解消の仕組みづくりに向けた手法の開発・実証」各地方公共団体の事業計画（主な取組）

団体名	主な取組
北海道旭川市	令和5年4月に市長部局に創設された「いじめ防止対策推進部」において、相談窓口を設置、こどもや保護者からの相談に直接対応。
千葉県松戸市	市長部局にいじめ相談専用窓口を開設し、専門職による相談体制を構築。SNSを活用し、休日夜間も相談対応。
三重県伊勢市	市長部局に「こどもいじめ相談窓口」を開設。被害（加害）者の背景（家庭環境・複合的課題）を踏まえ、関係機関と連携。
大阪府堺市	臨床心理士等の専門職がこども本人を訪問し、意向や意見を直接聞くとともに、特性に応じた対応を実施。
大阪府八尾市	1人1台端末にいじめ報告相談用アプリを導入。福祉部門等の関係部局を始め、教育委員会とも連携。
大阪府箕面市	市長部局に「いじめ相談・解決室」を新設し、いじめの初期段階から相談・調査を行う「行政的アプローチ」等を実施。
福岡県	知事部局にこどもいじめ専用窓口を開設し、県内の小・中・高等学校等の相談対応。県内市町と連携していじめ防止。
熊本県熊本市	市長部局に、こどもの権利に関する課題解決を図る組織を設置。地域の居場所となるこども食堂やNPO法人と連携していじめ事案を早期把握。

資料「令和5年度『学校外からのアプローチによるいじめ解消の仕組みづくりに向けた手法の開発・実証』各地方公共団体の事業計画（主な取組）」

　また、いじめ重大事態調査については、初めて調査を行う学校や学校の設置者等にとっては調査経験がなく、調査の立上げに苦慮したり、委員決定までに時間を要したり、被害児童生徒側の納得が得られなかったりするなどの課題が指摘されている。

　こうした課題などに対応するため、いじめ重大事態調査を行う地方公共団体に対し、第三者性の確保等に関して、学識経験者等の専門家が助言を行えるよう、令和5年9月から新たに、「いじめ調査アドバイザー」を委嘱し、地方公共団体等から寄せられた調査委員の人選や中立・公平性のある調査方法の実施に関する相談に対して、助言を行っている。

　さらに、いじめ重大事態の実態把握や課題点等を洗い出し、国全体での重大事態調査の適切な運用やいじめ防止対策の改善・強化につなげるため、令和5年度から、文部科学省とこども家庭庁が連携して、各学校設置者等が作成した重大事態の調査報告書の収集・分析を開始し、各調査報告書の調査項目や調査期間、いじめの態様、再発防止策等の整理を行い、いじめ防止対策協議会において、随時、分析状況の報告を行った。

　加えて、こども家庭庁及び文部科学省を共同議長とし、警察庁、総務省、法務省及び経済産業省が参画する「いじめ防止対策に関する関係省庁連絡会議」を令和5年9月、同年10月及び令和6年3月に開催し、中学校において道徳の授業見学及びいじめに対する考えや思いに関する生徒との意見交換を行ったほか、各省庁におけるいじめ防止対策に係る取組状況について協議・報告を行った。

　法務省の人権擁護機関では、啓発動画「あなたは大丈夫？考えよう！いじめ」を作成した。同動画は、最近のいじめが、SNSなどのインターネット上で行われ、学校や親など周りから見えにくくなっていることや、ささいなきっかけから深刻ないじめへと発展するケースが少なくないことなどを踏まえ、いじめをなくすためにはどうすればよいか、周囲の大人へのSOSの出し方や悩んだ時の相談窓口について、事例を基に学んでいく教材となっている。

啓発動画
「あなたは大丈夫？考えよう！いじめ」

○児童虐待防止対策

　こども家庭庁では、令和6年4月から施行されている令和4年改正児童福祉法により、「こども家庭センター」の整備など妊産婦や子育て世帯に対する包括的な支援のための

体制強化等に加え、こどもの権利擁護を強化するための施策を推進している。

　具体的には、同法により、こどもの権利擁護に係る環境を整備することが都道府県等の業務とされ、児童相談所長等による一時保護や施設入所の際等の意見聴取等措置が義務付けられるとともに、こどもの意見表明等を支援する意見表明等支援事業が創設されたところであり、令和５年度に作成した運用マニュアル等の周知により適切な運用の徹底を図るとともに、こうしたこどもの権利擁護のための取組を実施する都道府県等への支援を行っている。

　また、同法に基づき新たに策定された「一時保護施設の設備及び運営に関する基準」（令和６年内閣府令第27号）において、こどもの権利擁護や個別的なケアを推進するための職員配置基準等、一時保護施設の質を担保するための事項について規定するとともに、「一時保護ガイドライン」を改正するなど、一時保護施設の環境改善に取り組んでいる。

　文部科学省では、令和５年11月の「オレンジリボン・児童虐待防止推進キャンペーン」の実施について各都道府県教育長等に通知を発出し、児童虐待の未然防止・早期発見等のための留意点等の周知を図った。

　法務省の人権擁護機関では、啓発動画「あなたは大丈夫？考えよう！児童虐待」を作成した。同動画では、心理的虐待、身体的虐待、ネグレクト、性的虐待、宗教活動に関連する虐待等の様々な事例を取り上げ、こどもや保護者が児童虐待防止に関する正しい知識を身に付けるための教材となっている。

 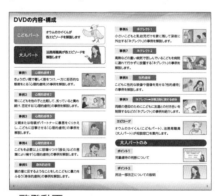

こどもパート

大人パート

啓発動画
「あなたは大丈夫？考えよう！児童虐待」

○こどもが様々な権利の享有主体であることの認識を促す取組

　困難を抱えるこどもが自ら声を上げるには、こども自身が様々な権利の享有主体であることの認識を得ることが重要であり、その気付きを促すため、法務省の人権擁護機関では、児童の権利条約に規定されている生命、生存及び発達に対する権利、こどもの最善の利益の考慮、こどもの意見の尊重及び差別の禁止等について、こどもに分かりやすく解説した啓発冊子「よくわかる！こどもの権利条約」を作成し、人権教室等で積極的に活用している。

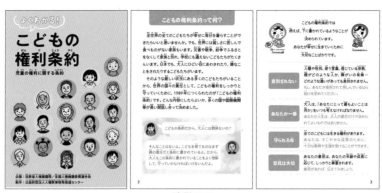

啓発冊子
「よくわかる！こどもの権利条約」

○保護者の信仰に起因した被害者等に対する支援の取組

　「旧統一教会」問題に端を発して、社会的に問題となっている宗教2世・3世と呼ばれるこどもや若者が抱える様々な悩みについては、とりわけ被害が潜在化しやすく、法的トラブルに加え、精神的な困難や貧困など複合的であることから、これらの被害を救済するため、関係各機関が緊密な連携を図りつつ、適切な対策を講ずることが必要となる。

　令和6年1月16日には「『旧統一教会』問題に係る被害者等への支援に関する関係閣僚会議」が設置され、同月19日の第1回会議において、「旧統一教会」問題の被害者等支援の充実・強化策が取りまとめられ、「スクールカウンセラー等の拡充等による宗教2世等のこども・若者向け相談・支援体制の強化」、「多様なニーズに的確に対応するための社会的・福祉的・精神的支援の充実・強化」等の方針が示された。関係府省庁では、本取りまとめの内容を踏まえ各種取組を推進している。

　こども・若者一人一人の人権と尊厳が尊重され、健やかで生き生きとした生活を送ることができる社会の実現を目指し、今後も、こども・若者が様々な権利の享有主体であることの気付きを促すとともに、人権尊重の重要性について理解を深めてもらうためのきめ細やかな人権教育・啓発を推進していく。

参考資料

人権教育及び人権啓発の推進に関する法律

（平成12年法律第147号）

（目的）

第1条　この法律は，人権の尊重の緊要性に関する認識の高まり，社会的身分，門地，人種，信条又は性別による不当な差別の発生等の人権侵害の現状その他人権の擁護に関する内外の情勢にかんがみ，人権教育及び人権啓発に関する施策の推進について，国，地方公共団体及び国民の責務を明らかにするとともに，必要な措置を定め，もって人権の擁護に資することを目的とする。

（定義）

第2条　この法律において，人権教育とは，人権尊重の精神の涵養を目的とする教育活動をいい，人権啓発とは，国民の間に人権尊重の理念を普及させ，及びそれに対する国民の理解を深めることを目的とする広報その他の啓発活動（人権教育を除く。）をいう。

（基本理念）

第3条　国及び地方公共団体が行う人権教育及び人権啓発は，学校，地域，家庭，職域その他の様々な場を通じて，国民が，その発達段階に応じ，人権尊重の理念に対する理解を深め，これを体得することができるよう，多様な機会の提供，効果的な手法の採用，国民の自主性の尊重及び実施機関の中立性の確保を旨として行われなければならない。

（国の責務）

第4条　国は，前条に定める人権教育及び人権啓発の基本理念（以下「基本理念」という。）にのっとり，人権教育及び人権啓発に関する施策を策定し，及び実施する責務を有する。

（地方公共団体の責務）

第5条　地方公共団体は，基本理念にのっとり，国との連携を図りつつ，その地域の実情を踏まえ，人権教育及び人権啓発に関する施策を策定し，及び実施する責務を有する。

（国民の責務）

第6条　国民は，人権尊重の精神の涵養に努めるとともに，人権が尊重される社会の実現に寄与するよう努めなければならない。

（基本計画の策定）

第7条　国は，人権教育及び人権啓発に関する施策の総合的かつ計画的な推進を図るため，人権教育及び人権啓発に関する基本的な計画を策定しなければならない。

（年次報告）

第8条　政府は，毎年，国会に，政府が講じた人権教育及び人権啓発に関する施策についての報告を提出しなければならない。

（財政上の措置）

第9条　国は，人権教育及び人権啓発に関する施策を実施する地方公共団体に対し，当該施策に係る事業の委託その他の方法により，財政上の措置を講ずることができる。

　　　附　則

（施行期日）

第1条　この法律は，公布の日から施行する。ただし，第8条の規定は，この法律の施行の日の属する年度の翌年度以後に講じる人権教育及び人権啓発に関する施策について適用する。

（見直し）

第2条　この法律は，この法律の施行の日から3年以内に，人権擁護施策推進法（平成8年法律第120号）第3条第2項に基づく人権が侵害された場合における被害者の救済に関する施策の充実に関する基本的事項についての人権擁護推進審議会の調査審議の結果をも踏まえ，見直しを行うものとする。

衆議院法務委員会「人権教育及び人権啓発の推進に関する法律案に対する附帯決議」

　この法律の施行に伴い，政府は，次の点につき格段の配慮をされたい。

1　人権教育及び人権啓発に関する基本計画の策定に当たっては，行政の中立性に配慮し，地方自治体や人権にかかわる民間団体等関係各方面の意見を十分に踏まえること。

2　前項の基本計画は，「人権教育のための国連十年」に関する国内行動計画等を踏まえ，充実したものにすること。

3　「人権の二十一世紀」実現に向けて，日本における人権政策確立の取組みは，政治の根底・基本に置くべき課題であり，政府・内閣全体での課題として明確にするべきであること。

参議院法務委員会「人権教育及び人権啓発の推進に関する法律案に対する附帯決議」

　政府は，「人権の二十一世紀」を実現するため，本法の施行に当たっては，次の諸点について格段の努力をすべきである。

1　人権教育及び人権啓発の推進に関する本法の基本理念並びに国，地方公共団体及び国民の責務について周知徹底を図り，特に公務員による人権侵害のないよう適切な措置を講ずること。

2　人権教育及び人権啓発に関する基本計画の策定に当たっては，地方公共団体や人権にかかわる民間団体等関係各方面の意見を十分に踏まえること。

3　人権教育及び人権啓発に関する基本計画は，「人権教育のための国連十年」に関する国内行動計画等を踏まえ，充実したものにすること。

4　人権政策は，政治の根底・基本に置くべき重要課題であることにかんがみ，内閣全体でその取組に努めること。

　　右決議する。

人権教育・啓発に関する基本計画

（平成14年３月15日閣議決定）
（平成23年４月１日一部変更）
※第４章２に⑿追加

第１章　はじめに

　人権教育・啓発に関する基本計画（以下「基本計画」という。）は，人権教育及び人権啓発の推進に関する法律（平成12年法律第147号，同年12月６日公布・施行。以下「人権教育・啓発推進法」という。）第７条の規定に基づき，人権教育及び人権啓発（以下「人権教育・啓発」という。）に関する施策の総合的かつ計画的な推進を図るため，策定するものである。

　我が国では，すべての国民に基本的人権の享有を保障する日本国憲法の下で，人権に関する諸制度の整備や人権に関する諸条約への加入など，これまで人権に関する各般の施策が講じられてきたが，今日においても，生命・身体の安全にかかわる事象や，社会的身分，門地，人種，民族，信条，性別，障害等による不当な差別その他の人権侵害がなお存在している。また，我が国社会の国際化，情報化，高齢化等の進展に伴って，人権に関する新たな課題も生じてきている。

　すべての人々の人権が尊重され，相互に共存し得る平和で豊かな社会を実現するためには，国民一人一人の人権尊重の精神の涵養を図ることが不可欠であり，そのために行われる人権教育・啓発の重要性については，これをどんなに強調してもし過ぎることはない。政府は，本基本計画に基づき，人権が共存する人権尊重社会の早期実現に向け，人権教育・啓発を総合的かつ計画的に推進していくこととする。

１　人権教育・啓発推進法制定までの経緯

　人権教育・啓発の推進に関する近時の動きとしては，まず，「人権教育のための国連10年」に関する取組を挙げることができる。すなわち，平成6年（1994年）12月の国連総会において，平成7年（1995年）から平成16年（2004年）までの10年間を「人権教育のための国連10年」とする決議が採択されたことを受けて，政府は，平成7年12月15日の閣議決定により，内閣総理大臣を本部長とする人権教育のための国連10年推進本部を設置し，平成9年7月4日，「人権教育のための国連10年」に関する国内行動計画（以下「国連10年国内行動計画」という。）を策定・公表した。

　また，平成8年12月には，人権擁護施策推進法が5年間の時限立法として制定され（平成8年法律第120号，平成9年3月25日施行），人権教育・啓発に関する施策等を推進すべき国の責務が定められるとともに，これらの施策の総合的な推進に関する基本的事項等について調査審議するため，法務省に人権擁護推進審議会が設置された。同審議会は，法務大臣，文部大臣（現文部科学大臣）及び総務庁長官（現総務大臣）の諮問に基づき，「人権尊重の理念に関する国民相互の理解を深めるための教育及び啓発に関する施策の総合的な推進に関する基本的事項」について，2年余の調査審議を経た後，平成11年7月29日，上記関係各大臣に対し答申を行った。

　政府は，これら国連10年国内行動計画や人権擁護推進審議会の答申等を踏まえて，人権教育・啓発を総合的に推進するための諸施策を実施してきたところであるが，そのより一層の推進を図るためには，人権教育・啓発に関する理念や国，地方公共団体，国民の責務を明らかにするとともに，基本計画の策定や年次報告等，所要の措置を法定することが不可欠であるとして，平成12年11月，議員立法により法案が提出され，人権教育・啓発推進法として制定される運びとなった。

２　基本計画の策定方針と構成
⑴　基本計画の策定方針

　人権教育・啓発推進法は，基本理念として，「国及び地方公共団体が行う人権教育及び人権啓発は，学校，地域，家庭，職域その他の様々な場を通じて，国民が，その発達段階に応じ，人権尊重の理念に対する理解を深め，これを体得することができるよう，多様な機会の提供，効果的な手法の採用，国民の自主性の尊重及び実施機関の中立性の確保を旨として行われなければならない。」（第3条）と規定し，基本計画については，「国は，人権教育及び人権啓発に関する施策の総合的かつ計画的な推進を図るため，人権教育及び人権啓発に関する基本的な計画を策定しなければならない。」（第7条）と規定している。

　人権教育・啓発の推進に当たっては，国連10年国内行動計画や人権擁護推進審議会の人権教育・啓発に関する答申などがその拠り所となるが，これまでの人権教育・啓発に関する

様々な検討や提言の趣旨，人権教育・啓発推進法制定に当たっての両議院における審議及び附帯決議，人権分野における国際的潮流などを踏まえて，基本計画は，以下の方針の下に策定することとした。

① 広く国民の一人一人が人権尊重の理念に対する理解を深め，これを体得していく必要があり，そのためにはねばり強い取組が不可欠であるとの観点から，中・長期的な展望の下に策定する。

② 国連10年国内行動計画を踏まえ，より充実した内容のものとする。

③ 人権擁護推進審議会の人権教育・啓発に関する答申を踏まえ，「人権教育・啓発の基本的な在り方」及び「人権教育・啓発の総合的かつ効果的な推進を図るための方策」について検討を加える。

④ 基本計画の策定に当たっては，行政の中立性に配慮するとともに，地方公共団体や民間団体等関係各方面から幅広く意見を聴取する。

(2) 基本計画の構成

基本計画は，人権教育・啓発の総合的かつ計画的な推進に関する施策の大綱として，まず，第1章「はじめに」において，人権教育・啓発推進法制定までの経緯と計画の策定方針及びその構成を明らかにするとともに，第2章「人権教育・啓発の現状」及び第3章「人権教育・啓発の基本的在り方」において，我が国における人権教育・啓発の現状とその基本的な在り方について言及した後，第4章「人権教育・啓発の推進方策」において，人権教育・啓発を総合的かつ計画的に推進するための方策について提示することとし，その具体的な内容としては，人権一般の普遍的な視点からの取組のほか，各人権課題に対する取組及び人権にかかわりの深い特定の職業に従事する者に対する研修等の問題について検討を加えるとともに，人権教育・啓発の総合的かつ効果的な推進のための体制等についてその進むべき方向性等を盛り込んでいる。そして，最後に，第5章「計画の推進」において，計画の着実かつ効果的な推進を図るための体制やフォローアップ等について記述している。

人権教育・啓発の総合的かつ計画的な推進を図るに当たっては，国の取組にとどまらず，地方公共団体や公益法人・民間団体等の取組も重要である。このため，政府においては，これら団体等との連携をより一層深めつつ，本基本計画に掲げた取組を着実に推進することとする。

第2章 人権教育・啓発の現状

1 人権を取り巻く情勢

我が国においては，基本的人権の尊重を基本原理の一つとする日本国憲法の下で，国政の全般にわたり，人権に関する諸制度の整備や諸施策の推進が図られてきている。それは，我が国憲法のみならず，戦後，国際連合において作成され現在我が国が締結している人権諸条約などの国際準則にも則って行われている。他方，国内外から，これらの諸制度や諸施策に対する人権の視点からの批判的な意見や，公権力と国民との関係及び国民相互の関係において様々な人権問題が存在する旨の指摘がされている。

現在及び将来にわたって人権擁護を推進していく上で，特に，女性，子ども，高齢者，障害者，同和問題，アイヌの人々，外国人，HIV感染者やハンセン病患者等をめぐる様々な人権問題は重要課題となっており，国連10年国内行動計画においても，人権教育・啓発の推進に当たっては，これらの重要課題に関して，「それぞれの固有の問題点についてのアプローチとともに，法の下の平等，個人の尊重という普遍的な視点からのアプローチにも留意する」こととされている。また，近年，犯罪被害者及びその家族の人権問題に対する社会的関心が大きな高まりを見せており，刑事手続等における犯罪被害者等への配慮といった問題に加え，マスメディアの犯罪被害者等に関する報道によるプライバシー侵害，名誉毀損，過剰な取材による私生活の平穏の侵害等の問題が生じている。マスメディアによる犯罪の報道に関しては少年事件等の被疑者及びその家族についても同様の人権問題が指摘されており，その他新たにインターネット上の電子掲示板やホームページへの差別的情報の掲示等による人権問題も生じている。

このように様々な人権問題が生じている背景としては，人々の中に見られる同質性・均一性を重視しがちな性向や非合理的な因習的意識の存在等が挙げられているが，国際化，情報化，高齢化，少子化等の社会の急激な変化なども，その要因になっていると考えられる。また，より根本的には，人権尊重の理念についての正しい理解やこれを実践する態度が未だ国民の中に十分に定着して

いないことが挙げられ，このために，「自分の権利を主張して他人の権利に配慮しない」ばかりでなく，「自らの有する権利を十分に理解しておらず，正当な権利を主張できない」，「物事を合理的に判断して行動する心構えや習慣が身に付いておらず，差別意識や偏見にとらわれた言動をする」といった問題点も指摘されている。

人権教育・啓発に関しては，これまでも各方面で様々な努力が払われてきているが，このような人権を取り巻く諸情勢を踏まえ，より積極的な取組が必要となっている。

2　人権教育の現状

(1)　人権教育の意義・目的

人権教育とは，「人権尊重の精神の涵養を目的とする教育活動」を意味し（人権教育・啓発推進法第2条），「国民が，その発達段階に応じ，人権尊重の理念に対する理解を深め，これを体得することができるよう」にすることを旨としており（同法第3条），日本国憲法及び教育基本法並びに国際人権規約，児童の権利に関する条約等の精神に則り，基本的人権の尊重の精神が正しく身に付くよう，地域の実情を踏まえつつ，学校教育及び社会教育を通じて推進される。

学校教育については，それぞれの学校種の教育目的や目標の実現を目指して，自ら学び自ら考える力や豊かな人間性などを培う教育活動を組織的・計画的に実施するものであり，こうした学校の教育活動全体を通じ，幼児児童生徒，学生の発達段階に応じて，人権尊重の意識を高める教育を行っていくこととなる。

また，社会教育については，生涯学習の視点に立って，学校外において，青少年のみならず，幼児から高齢者に至るそれぞれのライフサイクルにおける多様な教育活動を展開していくことを通じて，人権尊重の意識を高める教育を行っていくこととなる。

こうした学校教育及び社会教育における人権教育によって，人々が，自らの権利を行使することの意義，他者に対して公正・公平であり，その人権を尊重することの必要性，様々な課題などについて学び，人間尊重の精神を生活の中に生かしていくことが求められている。

(2)　人権教育の実施主体

人権教育の実施主体としては，学校，社会教育施設，教育委員会などのほか，社会教育関係

団体，民間団体，公益法人などが挙げられる。

学校教育及び社会教育における人権教育に関係する機関としては，国レベルでは文部科学省，都道府県レベルでは各都道府県教育委員会及び私立学校を所管する都道府県知事部局，市町村レベルでは各市町村教育委員会等がある。そして，実際に，学校教育については，国や各都道府県・市町村が設置者となっている各国公立学校や学校法人によって設置される私立学校において，また，社会教育については，各市町村等が設置する公民館等の社会教育施設などにおいて，それぞれ人権教育が具体的に推進されることとなる。

(3)　人権教育の現状

ア　学校教育

学校教育においては，幼児児童生徒，学生の発達段階に応じながら，学校教育活動全体を通じて人権尊重の意識を高め，一人一人を大切にした教育の充実を図っている。

最近では，教育内容の基準である幼稚園教育要領，小・中・高等学校及び盲・聾・養護学校の学習指導要領等を改訂し，「生きる力」（自ら学び自ら考える力，豊かな人間性など）の育成を目指し，それぞれの教育の一層の充実を図っている。

幼稚園においては，他の幼児とのかかわりの中で他人の存在に気付き，相手を尊重する気持ちをもって行動できるようにすることや友達とのかかわりを深め，思いやりをもつようにすることなどを幼稚園教育要領に示しており，子どもたちに人権尊重の精神の芽生えをはぐくむよう，遊びを中心とした生活を通して指導している。なお，保育所においては，幼稚園教育要領との整合性を図りつつ策定された保育所保育指針に基づいて保育が実施されている。

小学校・中学校及び高等学校においては，児童生徒の発達段階に即し，各教科，道徳，特別活動等のそれぞれの特質に応じて学校の教育活動全体を通じて人権尊重の意識を高める教育が行われている。例えば，社会科においては，日本国憲法を学習する中で人間の尊厳や基本的人権の保障などについて理解を深めることとされ，また，道徳においては，「だれに対しても差別することや偏見をもつことなく公正，公平にし，正義の実現に努める」，「公徳心をもって法やきまりを守り，自他の権利を大切にし進んで義務を果たす」よう指導することとされてい

る。さらに，平成14年度以降に完全実施される新しい学習指導要領においては，「人間尊重の精神と生命に対する畏敬の念」を具体的な生活の中に生かすことが強調されたほか，指導上の配慮事項として，多様な人々との交流の機会を設けることが示されている。加えて，平成13年7月には学校教育法が改正され，小・中・高等学校及び盲・聾・養護学校においてボランティア活動など社会奉仕体験活動，自然体験活動の充実に努めることとされたところであり，人権教育の観点からも各学校の取組の促進が望まれる。

盲・聾・養護学校では，障害者の自立と社会参加を目指して，小・中・高等学校等に準ずる教育を行うとともに，障害に基づく種々の困難を克服するための指導を行っており，今般の学習指導要領等の改訂では，一人一人の障害の状態等に応じた一層きめ細かな指導の充実が図られている。また，盲・聾・養護学校や特殊学級では，子どもたちの社会性や豊かな人間性をはぐくむとともに，社会における障害者に対する正しい理解認識を深めるために，障害のある児童生徒と障害のない児童生徒や地域社会の人々とが共に活動を行う交流教育などの実践的な取組が行われており，新しい学習指導要領等ではその充実が図られている。

大学等における人権教育については，例えば法学一般，憲法などの法学の授業に関連して実施されている。また，教養教育に関する科目等として，人権教育に関する科目が開設されている大学もある。

以上，学校教育については，教育活動全体を通じて，人権教育が推進されているが，知的理解にとどまり，人権感覚が十分身に付いていないなど指導方法の問題，教職員に人権尊重の理念について十分な認識が必ずしもいきわたっていない等の問題も指摘されているところである。

イ　社会教育

社会教育においては，すべての教育の出発点である家庭教育を支援するため，家庭教育に関する親への学習機会の提供や，家庭でのしつけの在り方などを分かりやすく解説した家庭教育手帳・家庭教育ノートを乳幼児や小学生等を持つ親に配布するなどの取組が行われている。この家庭教育手帳・家庭教育ノートには「親自身が偏見を持たず，差別をしない，許さないとい

うことを，子どもたちに示していくことが大切である」ことなどが盛り込まれている。

また，生涯の各時期に応じ，各人の自発的学習意思に基づき，人権に関する学習ができるよう，公民館等の社会教育施設を中心に学級・講座の開設や交流活動など，人権に関する多様な学習機会が提供されている。さらに，社会教育指導者のための人権教育に関する手引の作成などが行われている。そのほか，社会教育主事等の社会教育指導者を対象に様々な形で研修が行われ，指導者の資質の向上が図られている。

加えて，平成13年7月には，社会教育法が改正され，青少年にボランティア活動など社会奉仕体験活動，自然体験活動等の機会を提供する事業の実施及びその奨励が教育委員会の事務として明記されたところであり，人権尊重の心を養う観点からも各教育委員会における取組の促進が望まれる。

このように，生涯学習の振興のための各種施策を通じて人権教育が推進されているが，知識伝達型の講義形式の学習に偏りがちであることなどの課題が指摘されている。

3　人権啓発の現状
（1）人権啓発の意義・目的

人権啓発とは，「国民の間に人権尊重の理念を普及させ，及びそれに対する国民の理解を深めることを目的とする広報その他の啓発活動（人権教育を除く。）」を意味し（人権教育・啓発推進法第2条），「国民が，その発達段階に応じ，人権尊重の理念に対する理解を深め，これを体得することができるよう」にすることを旨としている（同法第3条）。すなわち，広く国民の間に，人権尊重思想の普及高揚を図ることを目的に行われる研修，情報提供，広報活動等で人権教育を除いたものであるが，その目的とするところは，国民の一人一人が人権を尊重することの重要性を正しく認識し，これを前提として他人の人権にも十分に配慮した行動がとれるようにすることにある。換言すれば，「人権とは何か」，「人権の尊重とはどういうことか」，「人権を侵害された場合に，これを排除し，救済するための制度がどのようになっているか」等について正しい認識を持つとともに，それらの認識が日常生活の中で，その態度面，行動面等において確実に根付くようにすることが人権啓発の目的である。

(2) 人権啓発の実施主体

　人権擁護事務として人権啓発を担当する国の機関としては，法務省人権擁護局及びその下部機関である法務局及び地方法務局の人権擁護部門のほか，法務大臣が委嘱する民間のボランティアとして人権擁護委員制度が設けられ，これら法務省に置かれた人権擁護機関が一体となって人権啓発活動を行っている。また，法務省以外の関係各府省庁においても，その所掌事務との関連で，人権にかかわる各種の啓発活動を行っているほか，地方公共団体や公益法人，民間団体，企業等においても，人権にかかわる様々な活動が展開されている。

　なお，法務省の人権擁護機関については，人権擁護推進審議会の人権救済制度の在り方に関する答申（平成13年5月25日）及び人権擁護委員制度の改革に関する答申（平成13年12月21日）を踏まえ，人権委員会の設置等，新たな制度の構築に向けた検討が進められているところである。

(3) 人権啓発の現状

ア　国の人権擁護機関の啓発活動

　国は，前記のとおり，関係各府省庁が，その所掌事務との関連で，人権にかかわる各種の啓発活動を行っている。特に，人権擁護事務として人権啓発を担当する法務省の人権擁護機関は，広く一般国民を対象に，人権尊重思想の普及高揚等のために様々な啓発活動を展開している。すなわち，毎年啓発活動の重点目標を定め，人権週間や人権擁護委員の日など節目となる機会をとらえて全国的な取組を展開しているほか，中学生を対象とする人権作文コンテストや小学生を主たる対象とする人権の花運動，イベント的要素を取り入れ明るく楽しい雰囲気の中でより多くの人々に人権問題を考えてもらう人権啓発フェスティバル，各地のイベント等の行事への参加など，年間を通して様々な啓発活動を実施している。具体的な啓発手法としては，人権一般や個別の人権課題に応じて作成する啓発冊子・リーフレット・パンフレット・啓発ポスター等の配布，その時々の社会の人権状況に合わせた講演会・座談会・討論会・シンポジウム等の開催，映画会・演劇会等の開催，テレビ・ラジオ・有線放送等マスメディアを活用した啓発活動など，多種多様な手法を用いるとともに，それぞれに創意工夫を凝らしている。また，従来，国や多くの地方公共団体が各別に啓発活動を行うことが多く，その間の連携協力が必ずしも十分とは言えなかった状況にかんがみ，人権啓発のより一層効果的な推進を図るとの観点から，都道府県や市町村を含めた多様な啓発主体が連携協力するための横断的なネットワークを形成して，人権啓発活動ネットワーク事業も展開している。さらに，以上の一般的な啓発活動のほか，人権相談や人権侵犯事件の調査・処理の過程を通じて，関係者に人権尊重思想を普及するなどの個別啓発も行っている。

　このように，法務省の人権擁護機関は人権啓発に関する様々な活動を展開しているところであるが，昨今，その内容・手法が必ずしも国民の興味・関心・共感を呼び起こすものになっていない，啓発活動の実施に当たってのマスメディアの効果的な活用が十分とは言えない，法務省の人権擁護機関の存在及び活動内容に対する国民の周知度が十分でない，その実施体制や担当職員の専門性も十分でない等の問題点が指摘されている。

イ　地方公共団体の啓発活動

　地方公共団体は，都道府県及び市町村のいずれにおいても，それぞれの地域の実情に応じ，啓発行事の開催，啓発資料等の作成・配布，啓発手法等に関する調査・研究，研修会の開催など様々な啓発活動を行っており，その内容は，まさに地域の実情等に応じて多種多様である。特に，都道府県においては，市町村を包括する広域的な立場や市町村行政を補完する立場から，それぞれの地域の実情に応じ，市町村を先導する事業，市町村では困難な事業，市町村の取組を支援する事業などが展開されている。また，市町村においては，住民に最も身近にあって住民の日常生活に必要な様々な行政を担当する立場から，地域に密着したきめ細かい多様な人権啓発活動が様々な機会を通して展開されている。

ウ　民間団体，企業の啓発活動

　民間団体においても，人権全般あるいは個々の人権課題を対象として，広報，調査・研究，研修等，人権啓発上有意義な様々な取組が行われているほか，国，地方公共団体が主催する講演会，各種イベントへの参加など，人権にかかわる様々な活動を展開しているところであり，今後とも人権啓発の実施主体として重要な一翼を担っていくことが期待される。

また，企業においては，その取組に濃淡はあるものの，個々の企業の実情や方針等に応じて，自主的な人権啓発活動が行われている。例えば，従業員に対して行う人権に関する各種研修のほか，より積極的なものとしては，人権啓発を推進するための組織の設置や人権に関する指針の制定，あるいは従業員に対する人権標語の募集などが行われている例もある。

第3章　人権教育・啓発の基本的在り方

1　人権尊重の理念

　人権とは，人間の尊厳に基づいて各人が持っている固有の権利であり，社会を構成するすべての人々が個人としての生存と自由を確保し，社会において幸福な生活を営むために欠かすことのできない権利である。

　すべての人々が人権を享有し，平和で豊かな社会を実現するためには，人権が国民相互の間において共に尊重されることが必要であるが，そのためには，各人の人権が調和的に行使されること，すなわち，「人権の共存」が達成されることが重要である。そして，人権が共存する人権尊重社会を実現するためには，すべての個人が，相互に人権の意義及びその尊重と共存の重要性について，理性及び感性の両面から理解を深めるとともに，自分の権利の行使に伴う責任を自覚し，自分の人権と同様に他人の人権をも尊重することが求められる。

　したがって，人権尊重の理念は，人権擁護推進審議会が人権教育・啓発に関する答申において指摘しているように，「自分の人権のみならず他人の人権についても正しく理解し，その権利の行使に伴う責任を自覚して，人権を相互に尊重し合うこと，すなわち，人権共存の考え方」として理解すべきである。

2　人権教育・啓発の基本的在り方

　人権教育・啓発は，人権尊重社会の実現を目指して，日本国憲法や教育基本法などの国内法，人権関係の国際条約などに即して推進していくべきものである。その基本的な在り方としては，人権教育・啓発推進法が規定する基本理念（第3条）を踏まえると，次のような点を挙げることができる。

⑴　実施主体間の連携と国民に対する多様な機会の提供

　人権教育・啓発にかかわる活動は，様々な実施主体によって行われているが，今日，人権問題がますます複雑・多様化する傾向にある中で，これをより一層効果的かつ総合的に推進し，多様な学習機会を提供していくためには，これら人権教育・啓発の各実施主体がその担うべき役割を踏まえた上で，相互に有機的な連携協力関係を強化することが重要である。

　また，国民に対する人権教育・啓発は，国民の一人一人の生涯の中で，家庭，学校，地域社会，職域などあらゆる場と機会を通して実施されることにより効果を上げるものと考えられ，その観点からも，人権教育・啓発の各実施主体は相互に十分な連携をとり，その総合的な推進に努めることが望まれる。

⑵　発達段階等を踏まえた効果的な方法

　人権教育・啓発は，幼児から高齢者に至る幅広い層を対象とするものであり，その活動を効果的に推進していくためには，人権教育・啓発の対象者の発達段階を踏まえ，地域の実情等に応じて，ねばり強くこれを実施する必要がある。

　特に，人権の意義や重要性が知識として確実に身に付き，人権問題を直感的にとらえる感性や日常生活において人権への配慮がその態度や行動に現れるような人権感覚が十分に身に付くようにしていくことが極めて重要である。そのためには，人権教育・啓発の対象者の発達段階に応じながら，その対象者の家庭，学校，地域社会，職域などにおける日常生活の経験などを具体的に取り上げるなど，創意工夫を凝らしていく必要がある。その際，人格が形成される早い時期から，人権尊重の精神の芽生えが感性としてはぐくまれるように配慮すべきである。また，子どもを対象とする人権教育・啓発活動の実施に当たっては，子どもが発達途上であることに十分留意することが望まれる。

　また，人権教育・啓発の手法については，「法の下の平等」，「個人の尊重」といった人権一般の普遍的な視点からのアプローチと，具体的な人権課題に即した個別的な視点からのアプローチとがあり，この両者があいまって人権尊重についての理解が深まっていくものと考えられる。すなわち，法の下の平等，個人の尊重といった普遍的な視点から人権尊重の理念を国民

に訴えかけることも重要であるが，真に国民の理解や共感を得るためには，これと併せて，具体的な人権課題に即し，国民に親しみやすく分かりやすいテーマや表現を用いるなど，様々な創意工夫が求められる。他方，個別的な視点からのアプローチに当たっては，地域の実情等を踏まえるとともに，人権課題に関して正しく理解し，物事を合理的に判断する精神を身に付けるよう働きかける必要がある。その際，様々な人権課題に関してこれまで取り組まれてきた活動の成果と手法への評価を踏まえる必要がある。

なお，人権教育・啓発の推進に当たって，外来語を安易に使用することは，正しい理解の普及を妨げる場合もあるので，官公庁はこの点に留意して適切に対応することが望ましい。

(3) **国民の自主性の尊重と教育・啓発における中立性の確保**

人権教育・啓発は，国民の一人一人の心の在り方に密接にかかわる問題でもあることから，その自主性を尊重し，押し付けにならないように十分留意する必要がある。そもそも，人権は，基本的に人間は自由であるということから出発するものであって，人権教育・啓発にかかわる活動を行う場合にも，それが国民に対する強制となっては本末転倒であり，真の意味における国民の理解を得ることはできない。国民の間に人権問題や人権教育・啓発の在り方について多種多様な意見があることを踏まえ，異なる意見に対する寛容の精神に立って，自由な意見交換ができる環境づくりに努めることが求められる。

また，人権教育・啓発がその効果を十分に発揮するためには，その内容はもとより，実施の方法等においても，国民から，幅広く理解と共感を得られるものであることが必要である。「人権」を理由に掲げて自らの不当な意見や行為を正当化したり，異論を封じたりする「人権万能主義」とでも言うべき一部の風潮，人権問題を口実とした不当な利益等の要求行為，人権上問題のあるような行為をしたとされる者に対する行き過ぎた追及行為などは，いずれも好ましいものとは言えない。

このような点を踏まえると，人権教育・啓発を担当する行政は，特定の団体等から不当な影響を受けることなく，主体性や中立性を確保することが厳に求められる。人権教育・啓発にか

わる活動の実施に当たっては，政治運動や社会運動との関係を明確に区別し，それらの運動そのものも教育・啓発であるということがないよう，十分に留意しなければならない。

第4章　人権教育・啓発の推進方策

人権教育・啓発に関しては，国連10年国内行動計画や人権擁護推進審議会の人権教育・啓発に関する答申を踏まえて，関係各府省庁において様々な取組が実施されているところである。それらの取組は，国内外の諸情勢の動向等も踏まえながら，今後とも，積極的かつ着実に推進されるべきものであることは言うまでもない。

そこで，ここでは，第3章に記述した人権教育・啓発の基本的な在り方を踏まえつつ，国連10年国内行動計画に基づく取組の強化及び人権擁護推進審議会の答申で提言された人権教育・啓発の総合的かつ効果的な推進のための諸方策の実施が重要であるとの認識に立って，人権一般の普遍的な視点からの取組，各人権課題に対する取組及び人権にかかわりの深い特定の職業に従事する者に対する研修等の問題に関して推進すべき施策の方向性を提示するとともに，人権教育・啓発の効果的な推進を図るための体制等について述べることとする。

1　**人権一般の普遍的な視点からの取組**
(1)　**人権教育**

人権教育は，生涯学習の視点に立って，幼児期からの発達段階を踏まえ，地域の実情等に応じて，学校教育と社会教育とが相互に連携を図りつつ，これを実施する必要がある。

ア　**学校教育**

学校教育においては，それぞれの学校種の教育目的や目標の実現を目指した教育活動が展開される中で，幼児児童生徒，学生が，社会生活を営む上で必要な知識・技能，態度などを確実に身に付けることを通じて，人権尊重の精神の涵養が図られるようにしていく必要がある。

初等中等教育については，新しい学習指導要領等に基づき，自ら学び，自ら考える力や豊かな人間性等の「生きる力」をはぐくんでいく。さらに，高等教育については，こうした「生きる力」を基盤として，知的，道徳的及び応用的能力を展開させていく。

こうした基本的な認識に立って，以下のような施策を推進していく。

第一に，学校における指導方法の改善を図るため，効果的な教育実践や学習教材などについて情報収集や調査研究を行い，その成果を学校等に提供していく。また，心に響く道徳教育を推進するため，地域の人材の配置，指導資料の作成などの支援策を講じていく。

第二に，社会教育との連携を図りつつ，社会性や豊かな人間性をはぐくむため多様な体験活動の機会の充実を図っていく。学校教育法の改正の趣旨等を踏まえ，ボランティア活動など社会奉仕体験活動，自然体験活動を始め，勤労生産活動，職業体験活動，芸術文化体験活動，高齢者や障害者等との交流などを積極的に推進するため，モデルとなる地域や学校を設け，その先駆的な取組を全国のすべての学校に普及・展開していく。

第三に，子どもたちに人権尊重の精神を涵養していくためにも，各学校が，人権に配慮した教育指導や学校運営に努める。特に，校内暴力やいじめなどが憂慮すべき状況にある中，規範意識を培い，こうした行為が許されないという指導を徹底するなど子どもたちが安心して楽しく学ぶことのできる環境を確保する。

第四に，高等教育については，大学等の主体的判断により，法学教育など様々な分野において，人権教育に関する取組に一層配慮がなされるよう促していく。

第五に，養成・採用・研修を通じて学校教育の担い手である教職員の資質向上を図り，人権尊重の理念について十分な認識を持ち，子どもへの愛情や教育への使命感，教科等の実践的な指導力を持った人材を確保していく。その際，教職員自身が様々な体験を通じて視野を広げるような機会の充実を図っていく。また，教職員自身が学校の場等において子どもの人権を侵害するような行為を行うことは断じてあってはならず，そのような行為が行われることのないよう厳しい指導・対応を行っていく。さらに，個に応じたきめ細かな指導が一層可能となるよう，教職員配置の改善を進めていく。

イ　社会教育

社会教育においては，すべての人々の人権が真に尊重される社会の実現を目指し，人権を現代的課題の一つとして取り上げた生涯学習審議会の答申や，家庭教育支援のための機能の充実や，多様な体験活動の促進等について提言した様々な審議会の答申等を踏まえ，生涯学習の振興のための各種施策を通じて，人権に関する学習の一層の充実を図っていく必要がある。その際，人権に関する学習においては，単に人権問題を知識として学ぶだけではなく，日常生活において態度や行動に現れるような人権感覚の涵養が求められる。

第一に，幼児期から豊かな情操や思いやり，生命を大切にする心，善悪の判断など人間形成の基礎をはぐくむ上で重要な役割を果たし，すべての教育の出発点である家庭教育の充実を図る。特に，親自身が偏見を持たず差別をしないことなどを日常生活を通じて自らの姿をもって子どもに示していくことが重要であることから，親子共に人権感覚が身に付くような家庭教育に関する親の学習機会の充実や情報の提供を図るとともに，父親の家庭教育参加の促進，子育てに不安や悩みを抱える親等への相談体制の整備等を図る。

第二に，公民館等の社会教育施設を中心として，地域の実情に応じた人権に関する多様な学習機会の充実を図っていく。そのため，広く人々の人権問題についての理解の促進を図るため，人権に関する学習機会の提供や交流事業の実施，教材の作成等の取組を促進する。また，学校教育との連携を図りつつ，青少年の社会性や思いやりの心など豊かな人間性をはぐくむため，ボランティア活動など社会奉仕体験活動・自然体験活動を始めとする多様な体験活動や高齢者，障害者等との交流の機会の充実を図る。さらに，初等中等教育を修了した青年や成人のボランティア活動など社会奉仕活動を充実するための環境の整備を図っていく。

第三に，学習意欲を高めるような参加体験型の学習プログラムの開発を図るとともに，広く関係機関にその成果を普及し，特に，日常生活の中で人権上問題のあるような出来事に接した際に，直感的にその出来事がおかしいと思う感性や，日常生活の中で人権尊重を基本においた行動が無意識のうちにその態度や行動に現れるような人権感覚を育成する学習プログラムを，市町村における実践的な人権に関する学習活動の成果を踏まえながら開発し提供していくことが重要である。そのために，身近な課題を取り上げたり，様々な人とのふれあい体験を通して自然に人権感覚が身に付くような活動を仕組んだり，学習意欲を高める手法を創意工夫するなど指導方法に関する研究開発を行い，その成果を全国に普及していく。

第四に，地域社会において人権教育を先頭に立って推進していく指導者の養成及び，その資質の向上を図り，社会教育における指導体制の充実を図っていく。そのために指導者研修会の内容，方法について，体験的・実践的手法を取り入れるなどの創意工夫を図る。

(2) 人権啓発

人権啓発は，その内容はもとより実施の方法においても，国民から幅広く理解と共感が得られるものであることが肝要であり，人権一般にかかわる取組に関して検討する場合にも，その視点からの配慮が欠かせない。

ア 内容

啓発の内容に関して言えば，国民の理解と共感を得るという視点から，人権をめぐる今日の社会情勢を踏まえた啓発が重要であり，そのような啓発として，特に以下のものを挙げることができる。

ⅰ 人権に関する基本的な知識の習得

総理府（現内閣府）の世論調査（平成9年実施）の結果によれば，基本的人権が侵すことのできない永久の権利として憲法で保障されていることについての周知度が低下傾向にあるが，この点にも象徴されるように，国民の人権に関する基本的な知識の習得が十分でないことが窺われる。そこで，憲法を始めとした人権にかかわる国内法令や国際条約の周知など，人権に関する基本的な知識の習得を目的とした啓発を推進する必要がある。

ⅱ 生命の尊さ

近年，小学生などの弱者を被害者とする残忍な事件が頻発し，社会的耳目を集めているが，これらに限らず，いじめや児童虐待，ストーカー行為，電車等の交通機関内におけるトラブルや近隣関係をめぐるトラブルに起因する事件等々，日常生活のあらゆる場面において，ささいなことから簡単に人が殺傷される事件が後を絶たない。その背景として，人の生命を尊重する意識が薄れてきていることが指摘されており，改めて生命の尊さ・大切さや，自己がかけがえのない存在であると同時に他人もかけがえのない存在であること，他人との共生・共感の大切さを真に実感できるような啓発を推進する必要がある。

ⅲ 個性の尊重

世間体や他人の思惑を過度に気にする一般的な風潮や我が国社会における根強い横並び意識の存在等が，安易な事なかれ主義に流れたり，人々の目を真の問題点から背けさせる要因となっており，そのことにより，各種差別の解消が妨げられている側面がある。そこで，これらの風潮や意識の是正を図ることが重要であるが，そのためには，互いの人権を尊重し合うということの意味が，各人の異なる個性を前提とする価値基準であることを国民に訴えかける啓発を推進する必要がある。

イ 方法

啓発の方法に関し，国民の理解と共感を得るという視点から留意すべき主な点としては，以下のものを挙げることができる。

ⅰ 対象者の発達段階に応じた啓発

一般的に言えば，対象者の理解度に合わせて適切な人権啓発を行うことが肝要であり，そのためには，対象者の発達段階に応じて，その対象者の家庭，学校，地域社会，職域などにおける日常生活の経験などを人権尊重の観点から具体的に取り上げ，自分の課題として考えてもらうなど，手法に創意工夫を凝らしていく必要がある。また，対象者の発達段階に応じた手法の選択ということも重要であり，例えば，幼児児童に対する人権啓発としては，「他人の痛みが分かる」，「他人の気持ちを理解し，行動できる」など，他人を思いやる心をはぐくみ，子どもの情操をより豊かにすることを目的として，子どもが人権に関する作文を書くことを通して自らの課題として理解を深めたり，自ら人権に関する標語を考えたりするなどの啓発手法が効果的である。そして，ある程度理解力が備わった青少年期には，ボランティア活動など社会奉仕体験活動等を通じて，高齢者や障害のある人などと直接触れ合い，そうした交流の中で人権感覚を培っていくことが期待される。

ⅱ 具体的な事例を活用した啓発

人権啓発の効果を高めるためには，具体的な事例を取り上げ，その問題を前提として自由に議論することも，啓発を受ける人の心に迫りやすいという点では効果がある。例えば，人権上大きな社会問題となった事例に関して，人権擁護に当たる機関が，タイミング良く，人権尊重の視点から具体的な呼びかけを行うことなどは，広く国民が人権尊重についての正しい知識・感性を錬磨する上で，大

きな効果を期待できる。特に，その具体的な事例が自分の居住する地域と関連が深いものである場合には，地域住民が人権尊重の理念について，より身近に感じ，その理解を深めることにつながるので，その意味でも，具体的な事例を挙げて，地域に密着した啓発を行うことは効果的である。

なお，過去の具体的な事例を取り上げるに当たっては，そこで得られた教訓を踏まえて，将来，類似の問題が発生した場合にどう対応すべきかとの観点から啓発を行うことも有意義である。その場合，人権を侵害された被害者は心に深い傷を負っているということにも十分配慮し，被害者の立場に立った啓発を心掛ける必要がある。

ⅲ　参加型・体験型の啓発

各種の人権啓発冊子等の作成・配布や講演会・研修会の実施，人権啓発映画・啓発ビデオの放映等，啓発主体が国民に向けて行う啓発は，人権に関する知識や情報を伝えるという観点からは一定の効果があるが，国民の一人一人が人権感覚や感性を体得するという観点からすると，このような受身型の啓発には限界がある。そこで，啓発を受ける国民が主体的・能動的に参加できるような啓発手法（例えば，各種のワークショップや車椅子体験研修等）にも着目し，これらの採用を積極的に検討・推進すべきである。

2　各人権課題に対する取組

人権教育・啓発に当たっては，普遍的な視点からの取組のほか，各人権課題に対する取組を推進し，それらに関する知識や理解を深め，さらには課題の解決に向けた実践的な態度を培っていくことが望まれる。その際，地域の実情，対象者の発達段階等や実施主体の特性などをふまえつつ，適切な取組を進めていくことが必要である。

(1)　女性

日本国憲法は，法の下の平等について規定し，政治的，経済的又は社会的関係における性差別を禁止する（第14条）とともに，家族関係における男女平等について明文の規定を置いている（第24条）。しかし，現実には，従来の固定的な性別役割分担意識が依然として根強く残っていることから，社会生活の様々な場面において女性が不利益を受けることが少なからずある。また，夫・パートナーからの暴力，性犯罪，売買春，セクシュアル・ハラスメント，ストーカー行為等，女性に対する暴力事案等が社会的に問題となるなど，真に男女共同参画社会が実現されているとは言い難い状況にある。

女性の地位向上は，我が国のみならず世界各国に共通した問題意識となっており，国際連合を中心とした国際的な動向をみると，1975年（昭和50年）を「国際婦人年」と定め，これに続く1976年から1985年までの10年間を「国連婦人の10年」として位置付け，この間に，女性の問題に関する認識を深めるための活動が各国に奨励されている。また，1979年に女子差別撤廃条約が採択（1981年発効，我が国の批准1985年）され，1993年には女性に対する暴力の撤廃に関する宣言が採択されたほか，世界各地で女性会議等の国際会議が開催されるなど，女性の地位向上に向けた様々な取組が国際的な規模で行われている。

我が国においても，従来から，こうした国際的な動向にも配慮しながら，男女共同参画社会の形成の促進に向けた様々な取組が総理府（現内閣府）を中心に展開されてきた。特に，平成11年6月には，男女共同参画社会の形成の促進を総合的かつ計画的に推進することを目的とする「男女共同参画社会基本法」（平成11年法律第78号）が制定され，平成12年12月には，同法に基づいた初めての計画である「男女共同参画基本計画」が策定されている。また，平成13年1月の中央省庁等改革に際し，内閣府に男女共同参画会議及び男女共同参画局が設置され，男女共同参画社会の形成の促進に関する推進体制が充実・強化された。

なお，女性に対する暴力の関係では，「ストーカー行為等の規制等に関する法律」（平成12年法律第81号）や「配偶者からの暴力の防止及び被害者の保護に関する法律」（平成13年法律第31号）の制定等，立法的な措置がとられている。

こうした動向等を踏まえ，以下の取組を積極的に推進することとする。

① 政策・方針決定過程への女性の参画を拡大していくため，国が率先垂範して取組を進めるとともに，地方公共団体，企業，各種機関・団体等のあらゆる分野へ広く女性の参画促進を呼びかけ，その取組を支援する。（全府省庁）

② 男女共同参画の視点に立って様々な社会制度・慣行の見直しを行うとともに，これらを

支えてきた人々の意識の改革を図るため，国民的広がりを持った広報・啓発活動を積極的に展開する。また，女性の権利に関係の深い国内法令や，女子差別撤廃条約，女性2000年会議の「成果文書」等の国際文書の内容の周知に努める。（全府省庁）

③ 女性に対する偏見や差別意識を解消し，固定的な性別役割分担意識を払拭することを目指して，人権尊重思想の普及高揚を図るための啓発活動を充実・強化する。（法務省）

④ 性別に基づく固定的な役割分担意識を是正し，人権尊重を基盤とした男女平等観の形成を促進するため，家庭，学校，地域など社会のあらゆる分野において男女平等を推進する教育・学習の充実を図る。また，女性の生涯にわたる学習機会の充実，社会参画の促進のための施策を充実させる。（文部科学省）

⑤ 雇用における男女の均等な機会と待遇の確保等のため，啓発等を行うとともに，働くことを中心に女性の社会参画を積極的に支援するための事業を「女性と仕事の未来館」において実施する。（厚生労働省，文部科学省）

⑥ 農山漁村の女性が，男性とともに積極的に参画できる社会を実現するため，家庭及び地域社会において農山漁村の女性の地位向上・方針決定への参画促進のための啓発等を実施する。（農林水産省）

⑦ 国の行政機関の策定する広報・出版物等において性にとらわれない表現を促進するとともに，メディアにおける女性の人権の尊重を確保するため，メディアの自主的取組を促しつつ，メディアの特性や技術革新に対応した実効ある対策を進める。（内閣府ほか関係省庁）

⑧ 夫・パートナーからの暴力，性犯罪，売買春，セクシュアル・ハラスメント，ストーカー行為等女性に対するあらゆる暴力を根絶するための基盤整備を行うとともに，暴力の形態に応じた幅広い取組を総合的に推進する。（内閣府）

⑨ 夫・パートナーからの暴力，性犯罪，売買春，ストーカー行為等女性に対するあらゆる暴力の根絶に向けて，厳正な取締りはもとより，被害女性の人権を守る観点から，事情聴取等を被害者の希望に応じた性別の警察官が行えるようにするなど，必要な体制を整備するとともに，事情聴取，相談等に携わる職員の教育訓練を充実する。（警察庁）

⑩ 夫・パートナーからの暴力，性犯罪，売買春，セクシュアル・ハラスメント，ストーカー行為等に関する事案が発生した場合には，人権侵犯事件としての調査・処理や人権相談の対応など当該事案に応じた適切な解決を図るとともに，関係者に対し女性の人権の重要性について正しい認識と理解を深めるための啓発活動を実施する。（法務省）

⑪ 女性の人権問題の解決を図るため，法務局・地方法務局の常設人権相談所において人権相談に積極的に取り組むとともに，平成12年に全国に設置した電話相談「女性の人権ホットライン」を始めとする人権相談体制を充実させる。なお，女性からの人権相談に対しては女性の人権擁護委員や職員が対応するなど相談しやすい体制づくりに努めるほか，必要に応じて関係機関と密接な連携協力を図るものとする。（法務省）

⑫ 我が国が主導的な役割を果たした結果国連婦人開発基金（UNIFEM）内に設置された「女性に対する暴力撤廃のための信託基金」等，女性の人権擁護にかかわる国際的取組に対して協力する。（外務省）

(2) 子ども

子どもの人権の尊重とその心身にわたる福祉の保障及び増進などに関しては，既に日本国憲法を始め，児童福祉法や児童憲章，教育基本法などにおいてその基本原理ないし理念が示され，また，国際的にも児童の権利に関する条約等において権利保障の基準が明らかにされ，「児童の最善の利益」の考慮など各種の権利が宣言されている。

しかし，子どもたちを取り巻く環境は，我が国においても懸念すべき状況にある。例えば，少年非行は，現在，戦後第4の多発期にあり，質的にも凶悪化や粗暴化の傾向が指摘されている。一方で，実親等による子に対する虐待が深刻な様相を呈しているほか，犯罪による被害を受ける少年の数が増加している。児童買春・児童ポルノ，薬物乱用など子どもの健康や福祉を害する犯罪も多発している。さらに，学校をめぐっては，校内暴力やいじめ，不登校等の問題が依然として憂慮すべき状況にある。

このような状況を踏まえ，「児童買春，児童ポルノに係る行為等の処罰及び児童の保護等に関する法律」（平成11年法律第52号），「児童虐待の防止等に関する法律」（平成12年法律第82

号）の制定など個別立法による対応も進められている。さらに，家庭や地域社会における子育てや学校における教育の在り方を見直していくと同時に，大人社会における利己的な風潮や，金銭を始めとする物質的な価値を優先する考え方などを問い直していくことが必要である。大人たちが，未来を担う子どもたち一人一人の人格を尊重し，健全に育てていくことの大切さを改めて認識し，自らの責任を果たしていくことが求められている。

こうした認識に立って，子どもの人権に関係の深い様々な国内の法令や国際条約の趣旨に沿って，政府のみならず，地方公共団体，地域社会，学校，家庭，民間企業・団体や情報メディア等，社会全体が一体となって相互に連携を図りながら，子どもの人権の尊重及び保護に向け，以下の取組を積極的に推進することとする。

① 子どもを単に保護・指導の対象としてのみとらえるのではなく，基本的人権の享有主体として最大限に尊重されるような社会の実現を目指して，人権尊重思想の普及高揚を図るための啓発活動を充実・強化する。（法務省）

② 学校教育及び社会教育を通じて，憲法及び教育基本法の精神に則り，人権尊重の意識を高める教育の一層の推進に努める。学校教育については，人権教育の充実に向けた指導方法の研究を推進するとともに，幼児児童生徒の人権に十分に配慮し，一人一人を大切にした教育指導や学校運営が行われるように努める。その際，自他の権利を大切にすることとともに，社会の中で果たすべき義務や自己責任についての指導に努めていく。社会教育においては，子どもの人権の重要性について正しい認識と理解を深めるため，公民館等における各種学級・講座等による学習機会の充実に努める。（文部科学省）

③ 学校教育法及び社会教育法の改正（平成13年7月）の趣旨等を踏まえ，子どもの社会性や豊かな人間性をはぐくむ観点から，全小・中・高等学校等において，ボランティア活動など社会奉仕体験活動，自然体験活動等の体験活動を積極的に推進する。（文部科学省）

④ 校内暴力やいじめ，不登校などの問題の解決に向け，スクールカウンセラーの配置など教育相談体制の充実を始めとする取組を推進する。また，問題行動を起こす児童生徒につ

いては，暴力やいじめは許されないという指導を徹底し，必要に応じて出席停止制度の適切な運用を図るとともに，学校・教育委員会・関係機関からなるサポートチームを組織して個々の児童生徒の援助に当たるなど，地域ぐるみの支援体制を整備していく。（文部科学省）

⑤ 親に対する家庭教育についての学習機会や情報の提供，子育てに関する相談体制の整備など家庭教育を支援する取組の充実に努める。（文部科学省）

⑥ 児童虐待など，児童の健全育成上重大な問題について，児童相談所，学校，警察等の関係機関が連携を強化し，総合的な取組を推進するとともに，啓発活動を推進する。（厚生労働省，文部科学省，警察庁）

⑦ 児童買春・児童ポルノ，児童売買といった児童の商業的性的搾取の問題が国際社会の共通の課題となっていることから，児童の権利に関する条約の広報等を通じ，積極的にこの問題に対する理解の促進に取り組む。（外務省）

⑧ 犯罪等の被害に遭った少年に対し，カウンセリング等による支援を行うとともに，少年の福祉を害する犯罪の取締りを推進し，被害少年の救出・保護を図る。（警察庁）

⑨ 保育所保育指針における「人権を大切にする心を育てる」ため，この指針を参考として児童の心身の発達，家庭や地域の実情に応じた適切な保育を実施する。また，保育士や子どもにかかわる指導員等に対する人権教育・啓発の推進を図る。（厚生労働省）

⑩ 児童虐待や体罰等の事案が発生した場合には，人権侵犯事件としての調査・処理や人権相談の対応など当該事案に応じた適切な解決を図るとともに，関係者に対し子どもの人権の重要性について正しい認識と理解を深めるための啓発活動を実施する。（法務省）

⑪ 教職員について，養成・採用・研修を通じ，人権尊重意識を高めるなど資質向上を図るとともに，個に応じたきめ細かな指導が一層可能となるよう，教職員配置の改善を進めていく。教職員による子どもの人権を侵害する行為が行われることのないよう厳しい指導・対応を行う。（文部科学省）

⑫ 子どもの人権問題の解決を図るため，「子どもの人権専門委員」制度を充実・強化するほか，法務局・地方法務局の常設人権相談所

において人権相談に積極的に取り組むととも
に，「子どもの人権110番」による電話相談
を始めとする人権相談体制を充実させる。な
お，相談に当たっては，関係機関と密接な連
携協力を図るものとする。（法務省）

(3) 高齢者

人口の高齢化は，世界的な規模で急速に進ん
でいる。我が国においては，2015年には4人に
1人が65歳以上という本格的な高齢社会が到来
すると予測されているが，これは世界に類を見
ない急速な高齢化の体験であることから，我が
国の社会・経済の構造や国民の意識はこれに追
いついておらず，早急な対応が喫緊の課題と
なっている。

高齢化対策に関する国際的な動きをみると，
1982年にウィーンで開催された国連主催によ
る初めての世界会議において「高齢化に関する
国際行動計画」が，また，1991年の第46回国
連総会において「高齢者のための国連原則」が
それぞれ採択され，翌年1992年の第47回国連
総会においては，これらの国際行動計画や国連
原則をより一層広めることを促すとともに，各
国において高齢化社会の到来に備えた各種の取
組が行われることを期待して，1999年（平成
11年）を「国際高齢者年」とする決議が採択
された。

我が国においては，昭和61年6月に閣議決定
された「長寿社会対策大綱」に基づき，長寿社
会に向けた総合的な対策の推進を図ってきた
が，平成7年12月に高齢社会対策基本法が施行
されたことから，以後，同法に基づく高齢社会
対策大綱（平成8年7月閣議決定）を基本とし
て，国際的な動向も踏まえながら，各種の対策
が講じられてきた。平成13年12月には，引き
続きより一層の対策を推進するため，新しい高
齢社会対策大綱が閣議決定されたところであ
る。

高齢者の人権にかかわる問題としては，高齢
者に対する身体的・精神的な虐待やその有する
財産権の侵害のほか，社会参加の困難性などが
指摘されているが，こうした動向等を踏まえ，
高齢者が安心して自立した生活を送れるよう支
援するとともに，高齢者が社会を構成する重要
な一員として各種の活動に積極的に参加できる
よう，以下の取組を積極的に推進することとす
る。

① 高齢者の人権についての国民の認識と理解

を深めるとともに，高齢者も社会の重要な一
員として生き生きと暮らせる社会の実現を目
指して，人権尊重思想の普及高揚を図るため
の啓発活動を充実・強化する。（法務省）

② 「敬老の日」「老人の日」「老人週間」の行事
を通じ，広く国民が高齢者の福祉について関
心と理解を深める。（厚生労働省）

③ 学校教育においては，高齢化の進展を踏ま
え，各教科，道徳，特別活動，総合的な学習
の時間といった学校教育活動全体を通じて，
高齢者に対する尊敬や感謝の心を育てるとと
もに，高齢社会に関する基礎的理解や介護・
福祉の問題などの課題に関する理解を深めさ
せる教育を推進する。（文部科学省）

④ 高齢者の学習機会の体系的整備並びに高齢
者の持つ優れた知識・経験等を生かして社会
参加してもらうための条件整備を促進する。
（厚生労働省，文部科学省）

⑤ 高齢者と他の世代との相互理解や連帯感を
深めるため，世代間交流の機会を充実させ
る。（内閣府，厚生労働省，文部科学省）

⑥ 高齢者が社会で活躍できるよう，ボラン
ティア活動など高齢者の社会参加を促進す
る。（内閣府，厚生労働省，文部科学省）

⑦ 高齢者が長年にわたり培ってきた知識，経
験等を活用して働き続けることができる社会
を実現するため，定年の引き上げ等による
65歳までの安定した雇用の確保，再就職の
援助，多様な就業機会の確保のための啓発活
動に取り組む。（厚生労働省）

⑧ 高齢化が急速に進行している農山漁村にお
いて，高齢者が農業生産活動，地域社会活動
等において生涯現役を目指し，安心して住み
続けられるよう支援する。（農林水産省）

⑨ 高齢者に関しては，介護者等による肉体的
虐待，心理的虐待，経済的虐待（財産侵害）
等の問題があるが，そのような事案が発生し
た場合には，人権侵犯事件としての調査・処
理や人権相談の対応など当該事案に応じた適
切な解決を図るとともに，関係者に対し高齢
者の人権の重要性について正しい認識と理解
を深めるための啓発活動を実施する。（法務
省）

⑩ 高齢者の人権問題の解決を図るため，法務
局・地方法務局の常設人権相談所において人
権相談に積極的に取り組むとともに，高齢者
が利用しやすい人権相談体制を充実させる。
なお，相談に当たっては，関係機関と密接な

連携協力を図るものとする。(法務省)

(4) 障害者

　障害者基本法第3条第2項は,「すべて障害者は,社会を構成する一員として社会,経済,文化その他あらゆる分野の活動に参加する機会を与えられるものとする」と規定しているが,現実には,障害のある人々は様々な物理的又は社会的障壁のために不利益を被ることが多く,その自立と社会参加が阻まれている状況にある。また,障害者への偏見や差別意識が生じる背景には,障害の発生原因や症状についての理解不足がかかわっている場合もある。

　障害者問題に関する国際的な動向をみると,国際連合では,1971年に「知的障害者の権利宣言」,1975年に「障害者の権利宣言」がそれぞれ採択され,障害者の基本的人権と障害者問題について,ノーマライゼーションの理念に基づく指針が示されたのを始めとして,1976年の第31回総会においては,1981年(昭和56年)を「国際障害者年」とする決議が採択されるとともに,その際併せて採択された「国際障害者年行動計画」が1979年に承認されている。また,1983年から1992年までの10年間を「国連・障害者の十年」とする宣言が採択され,各国に対し障害者福祉の増進が奨励されたが,「国連・障害者の十年」の終了後は,国連アジア太平洋経済社会委員会(ESCAP)において,1993年から2002年までの10年間を「アジア太平洋障害者の十年」とする決議が採択され,更に継続して障害者問題に取り組むこととされている。

　我が国においても,このような国際的な動向と合わせ,各種の取組を展開している。まず,昭和57年3月に「障害者対策に関する長期計画」が策定されるとともに,同年4月には内閣総理大臣を本部長とする障害者対策推進本部(平成8年1月,障害者施策推進本部に改称)が設置され,障害者の雇用促進や社会的な施設,設備等の充実が図られることとなったが,平成5年3月には同長期計画を改めた「障害者対策に関する新長期計画」が策定され,また,平成7年12月には新長期計画の最終年次に合わせて,平成8年度から平成14年度までの7カ年を計画期間とする「障害者プラン」を策定することで,長期的視点に立った障害者施策のより一層の推進が図られている。

　こうした動向等を踏まえ,以下の取組を積極的に推進することとする。

① 障害者の自立と社会参加をより一層推進し,障害者の「完全参加と平等」の目標に向けて「ノーマライゼーション」の理念を実現するための啓発・広報活動を推進する(障害者の日及び週間を中心とする啓発・広報活動等)。(内閣府)

② 障害者に対する偏見や差別意識を解消し,ノーマライゼーションの理念を定着させることにより,障害者の自立と完全参加を可能とする社会の実現を目指して,人権尊重思想の普及高揚を図るための啓発活動を充実・強化する。(法務省)

③ 障害者の自立と社会参加を目指し,盲・聾・養護学校や特殊学級等における教育の充実を図るとともに,障害のある子どもに対する理解と認識を促進するため,小・中学校等や地域における交流教育の実施,小・中学校の教職員等のための指導資料の作成・配布,並びに学校教育関係者及び保護者等に対する啓発事業を推進する。さらに,各教科,道徳,特別活動,総合的な学習の時間といった学校教育活動全体を通じて,障害者に対する理解,社会的支援や介助・福祉の問題などの課題に関する理解を深めさせる教育を推進する。(文部科学省)

④ 障害者の職業的自立意欲の喚起及び障害者の雇用問題に関する国民の理解を促進するため,障害者雇用促進月間を設定し,全国障害者雇用促進大会を開催するなど障害者雇用促進運動を展開する。また,障害者の職業能力の向上を図るとともに,社会の理解と認識を高めるため,身体障害者技能競技大会を開催する。(厚生労働省)

⑤ 精神障害者に対する差別,偏見の是正のため,ノーマライゼーションの理念の普及・啓発活動を推進し,精神障害者の人権擁護のため,精神保健指定医,精神保健福祉相談員等に対する研修を実施する。(厚生労働省)

⑥ 障害者に関しては,雇用差別,財産侵害,施設における劣悪な処遇や虐待等の問題があるが,そのような事案が発生した場合には,人権侵犯事件としての調査・処理や人権相談の対応など当該事案に応じた適切な解決を図るとともに,関係者に対し障害者の人権の重要性について正しい認識と理解を深めるための啓発活動を実施する。(法務省)

⑦ 障害者の人権問題の解決を図るため,法務

局・地方法務局の常設人権相談所において人権相談に積極的に取り組むとともに，障害者が利用しやすい人権相談体制を充実させる。なお，相談に当たっては，関係機関と密接な連携協力を図るものとする。（法務省）

⑧　国連総会で採択された「障害者に関する世界行動計画」の目的実現のためのプロジェクトを積極的に支援するため，「国連障害者基金」に対して協力する。（外務省）

(5)　同和問題

同和問題は，我が国固有の重大な人権問題であり，その早期解消を図ることは国民的課題でもある。そのため，政府は，これまで各種の取組を展開してきており，特に戦後は，3本の特別立法に基づいて様々な施策を講じてきた。その結果，同和地区の劣悪な生活環境の改善を始めとする物的な基盤整備は着実に成果を上げ，ハード面における一般地区との格差は大きく改善されてきており，物的な環境の劣悪さが差別を再生産するというような状況も改善の方向に進み，差別意識の解消に向けた教育及び啓発も様々な創意工夫の下に推進されてきた。

これらの施策等によって，同和問題に関する国民の差別意識は，「着実に解消に向けて進んでいる」が，「地域により程度の差はあるものの依然として根深く存在している」（平成11年7月29日人権擁護推進審議会答申）ことから，現在でも結婚問題を中心とする差別事象が見られるほか，教育，就職，産業等の面での問題等がある。また，同和問題に対する国民の理解を妨げる「えせ同和行為」も依然として横行しているなど，深刻な状況にある。

地域改善対策特定事業については，平成14年3月の地対財特法の失効に伴いすべて終了し，今後の施策ニーズには，他の地域と同様に，地域の状況や事業の必要性に応じ所要の施策が講じられる。したがって，今後はその中で対応が図られることとなるが，同和問題の解消を図るための人権教育・啓発については，平成8年5月の地域改善対策協議会の意見具申の趣旨に留意し，これまでの同和問題に関する教育・啓発活動の中で積み上げられてきた成果等を踏まえ，同和問題を重要な人権問題の一つとしてとらえ，以下の取組を積極的に推進することとする。

①　同和問題に関する差別意識については，「同和問題の早期解決に向けた今後の方策について（平成8年7月26日閣議決定）」に基づき，人権教育・啓発の事業を推進することにより，その解消を図っていく。（文部科学省，法務省）

②　学校，家庭及び地域社会が一体となって進学意欲と学力の向上を促進し，学校教育及び社会教育を通じて同和問題の解決に向けた取組を推進していく。（文部科学省）

③　同和問題に関する偏見や差別意識を解消し，同和問題の早期解決を目指して，人権尊重思想の普及高揚を図るための啓発活動を充実・強化する。（法務省）

④　雇用主に対して就職の機会均等を確保するための公正な採用選考システムの確立が図られるよう指導・啓発を行う。（厚生労働省）

⑤　小規模事業者の産業にかかわりの深い業種等に対して，人権尊重の理念を広く普及させ，その理解を深めるための啓発事業を実施する。（経済産業省）

⑥　都道府県及び全国農林漁業団体が，農林漁業を振興する上で阻害要因となっている同和問題を始めとした広範な人権問題に関する研修会等の教育・啓発活動を，農漁協等関係農林漁業団体の職員を対象に行う。（農林水産省）

⑦　社会福祉施設である隣保館においては，地域改善対策協議会意見具申（平成8年5月17日）に基づき，周辺地域を含めた地域社会全体の中で，福祉の向上や人権啓発の住民交流の拠点となる開かれたコミュニティーセンターとして総合的な活動を行い，更なる啓発活動を推進する。また，地域における人権教育を推進するための中核的役割を期待されている社会教育施設である公民館等とも，積極的な連携を図る。（厚生労働省，文部科学省）

⑧　同和問題解決の阻害要因となっている「えせ同和行為」の排除に向け，啓発等の取組を推進する。（法務省ほか関係省庁）

⑨　同和問題に関しては，結婚や就職等における差別，差別落書き，インターネットを利用した差別情報の掲載等の問題があるが，そのような事案が発生した場合には，人権侵犯事件としての調査・処理や人権相談の対応など当該事案に応じた適切な解決を図るとともに，関係者に対し同和問題に対する正しい認識と理解を深めるための啓発活動を実施する。（法務省）

⑩　同和問題に係る人権問題の解決を図るた

め，法務局・地方法務局の常設人権相談所において人権相談に積極的に取り組むとともに，同和問題に関し人権侵害を受けたとする者が利用しやすい人権相談体制を充実させる。なお，相談に当たっては，関係機関と密接な連携協力を図るものとする。（法務省）

（6）アイヌの人々

アイヌの人々は，少なくとも中世末期以降の歴史の中では，当時の「和人」との関係において北海道に先住していた民族であり，現在においてもアイヌ語等を始めとする独自の文化や伝統を有している。しかし，アイヌの人々の民族としての誇りの源泉であるその文化や伝統は，江戸時代の松前藩による支配や，維新後の「北海道開拓」の過程における同化政策などにより，今日では十分な保存，伝承が図られているとは言い難い状況にある。また，アイヌの人々の経済状況や生活環境，教育水準等は，これまでの北海道ウタリ福祉対策の実施等により着実に向上してきてはいるものの，アイヌの人々が居住する地域において，他の人々となお格差があることが認められるほか，結婚や就職等における偏見や差別の問題がある。

このような状況の下，平成7年3月，内閣官房長官の私的諮問機関として「ウタリ対策のあり方に関する有識者懇談会」が設置され，法制度の在り方を含め今後のウタリ対策の在り方について検討が進められることとなり，同懇談会から提出された報告書の趣旨を踏まえて，平成9年5月，「アイヌ文化の振興並びにアイヌの伝統等に関する知識の普及及び啓発に関する法律」（平成9年法律第52号）が制定された。現在，同法に基づき，アイヌに関する総合的かつ実践的な研究，アイヌ語を含むアイヌ文化の振興及びアイヌの伝統等に関する知識の普及啓発を図るための施策が推進されている。

こうした動向等を踏まえ，国民一般がアイヌの人々の民族としての歴史，文化，伝統及び現状に関する認識と理解を深め，アイヌの人々の人権を尊重するとの観点から，以下の取組を積極的に推進することとする。

① アイヌ文化の振興並びにアイヌの伝統及びアイヌ文化に関する国民に対する知識の普及及び啓発を図るための施策を推進する。（文部科学省，国土交通省）
② アイヌの人々に対する偏見や差別意識を解消し，その固有の文化や伝統に対する正しい

認識と理解を深め，アイヌの人々の尊厳を尊重する社会の実現を目指して，人権尊重思想の普及高揚を図るための啓発活動を充実・強化する。（法務省）
③ 学校教育では，アイヌの人々について，社会科等において取り上げられており，今後とも引き続き基本的人権の尊重の観点に立った教育を推進するため，教職員の研修を推進する。（文部科学省）
④ 各高等教育機関等におけるアイヌ語やアイヌ文化に関する教育研究の推進に配慮する。（文部科学省）
⑤ 生活館において，アイヌの人々の生活の改善向上・啓発等の活動を推進する。（厚生労働省）
⑥ アイヌの人々に関しては，結婚や就職等における差別等の問題があるが，そのような事案が発生した場合には，人権侵犯事件としての調査・処理や人権相談の対応など当該事案に応じた適切な解決を図るとともに，関係者に対しアイヌの人々の人権の重要性及びアイヌの文化・伝統に対する正しい認識と理解を深めるための啓発活動を実施する。（法務省）
⑦ アイヌの人々の人権問題の解決を図るため，法務局・地方法務局の常設人権相談所において人権相談に積極的に取り組むとともに，アイヌの人々が利用しやすい人権相談体制を充実させる。なお，相談に当たっては，関係機関と密接な連携協力を図るものとする。（法務省）

（7）外国人

近年の国際化時代を反映して，我が国に在留する外国人は年々急増している。日本国憲法は，権利の性質上，日本国民のみを対象としていると解されるものを除き，我が国に在留する外国人についても，等しく基本的人権の享有を保障しているところであり，政府は，外国人の平等の権利と機会の保障，他国の文化・価値観の尊重，外国人との共生に向けた相互理解の増進等に取り組んでいる。

しかし，現実には，我が国の歴史的経緯に由来する在日韓国・朝鮮人等をめぐる問題のほか，外国人に対する就労差別や入居・入店拒否など様々な人権問題が発生している。その背景には，我が国の島国という地理的条件や江戸幕府による長年にわたる鎖国の歴史等に加え，他国の言語，宗教，習慣等への理解不足からくる

外国人に対する偏見や差別意識の存在などが挙げられる。これらの偏見や差別意識は，国際化の著しい進展や人権尊重の精神の国民への定着，様々な人権教育・啓発の実施主体の努力により，外国人に対する理解が進み，着実に改善の方向に向かっていると考えられるが，未だに一部に問題が存在している。

　以上のような認識に立ち，外国人に対する偏見や差別意識を解消し，外国人の持つ文化や多様性を受け入れ，国際的視野に立って一人一人の人権が尊重されるために，以下の取組を積極的に推進することとする。

①　外国人に対する偏見や差別意識を解消し，外国人の持つ文化，宗教，生活習慣等における多様性に対して寛容な態度を持ち，これを尊重するなど，国際化時代にふさわしい人権意識を育てることを目指して，人権尊重思想の普及高揚を図るための啓発活動を充実・強化する。（法務省）

②　学校においては，国際化の著しい進展を踏まえ，各教科，道徳，特別活動，総合的な学習の時間といった学校教育活動全体を通じて，広い視野を持ち，異文化を尊重する態度や異なる習慣・文化を持った人々と共に生きていく態度を育成するための教育の充実を図る。また，外国人児童生徒に対して，日本語の指導を始め，適切な支援を行っていく。（文部科学省）

③　外国人に関しては，就労における差別や入居・入店拒否，在日韓国・朝鮮人児童・生徒への暴力や嫌がらせ等の問題があるが，そのような事案が発生した場合には，人権侵犯事件としての調査・処理や人権相談の対応など当該事案に応じた適切な解決を図るとともに，関係者に対し外国人の人権の重要性について正しい認識と理解を深めるための啓発活動を実施する。（法務省）

④　外国人の人権問題の解決を図るため，法務局・地方法務局の常設人権相談所において人権相談に積極的に取り組むとともに，通訳を配置した外国人のための人権相談所を開設するなど，人権相談体制を充実させる。なお，相談に当たっては，関係機関と密接な連携協力を図るものとする。（法務省）

(8) HIV感染者・ハンセン病患者等

　医学的に見て不正確な知識や思いこみによる過度の危機意識の結果，感染症患者に対する偏見や差別意識が生まれ，患者，元患者や家族に対する様々な人権問題が生じている。感染症については，まず，治療及び予防といった医学的な対応が不可欠であることは言うまでもないが，それとともに，患者，元患者や家族に対する偏見や差別意識の解消など，人権に関する配慮も欠かせないところである。

ア　HIV感染者等

　HIV感染症は，進行性の免疫機能障害を特徴とする疾患であり，HIVによって引き起こされる免疫不全症候群のことを特にエイズ（AIDS）と呼んでいる。エイズは，1981年（昭和56年）にアメリカ合衆国で最初の症例が報告されて以来，その広がりは世界的に深刻な状況にあるが，我が国においても昭和60年3月に最初の患者が発見され，国民の身近な問題として急速にクローズアップされてきた。

　エイズ患者やHIV感染者に対しては，正しい知識や理解の不足から，これまで多くの偏見や差別意識を生んできたが，そのことが原因となって，医療現場における診療拒否や無断検診のほか，就職拒否や職場解雇，アパートへの入居拒否・立ち退き要求，公衆浴場への入場拒否など，社会生活の様々な場面で人権問題となって現れている。しかし，HIV感染症は，その感染経路が特定している上，感染力もそれほど強いものでないことから，正しい知識に基づいて通常の日常生活を送る限り，いたずらに感染を恐れる必要はなく，また，近時の医学的知識の蓄積と新しい治療薬の開発等によってエイズの発症を遅らせたり，症状を緩和させたりすることが可能になってきている。

　政府としては，基本的人権尊重の観点から，すべての人の生命の尊さや生存することの大切さを広く国民に伝えるとともに，エイズ患者やHIV感染者との共存・共生に関する理解を深める観点から，以下の取組を積極的に推進することとする。

①　HIV感染症等に関する啓発資料の作成・配布，各種の広報活動，世界エイズデーの開催等を通じて，HIV感染症等についての正しい知識の普及を図ることにより，エイズ患者やHIV感染者に対する偏見や差別意識を解消し，HIV感染症及びその感染者等への理解を深めるための啓発活動を推進する。（法務省，厚生労働省）

②　学校教育においては，エイズ教育の推進を

通じて，発達段階に応じて正しい知識を身に付けることにより，エイズ患者やHIV感染者に対する偏見や差別をなくすとともに，そのための教材作成や教職員の研修を推進する。（文部科学省）

③　職場におけるエイズ患者やHIV感染者に対する誤解等から生じる差別の除去等のためのエイズに関する正しい知識を普及する。（厚生労働省）

④　エイズ患者やHIV感染者に関しては，日常生活，職場，医療現場等における差別，プライバシー侵害等の問題があるが，そのような事案が発生した場合には，人権侵犯事件としての調査・処理や人権相談の対応など当該事案に応じた適切な解決を図るとともに，関係者に対しエイズ患者やHIV感染者の人権の重要性について正しい認識と理解を深めるための啓発活動を実施する。（法務省）

⑤　エイズ患者やHIV感染者の人権問題の解決を図るため，法務局・地方法務局の常設人権相談所において人権相談に積極的に取り組むとともに，相談内容に関する秘密維持を一層厳格にするなどエイズ患者やHIV感染者が利用しやすい人権相談体制を充実させる。なお，相談に当たっては，関係機関と密接な連携協力を図るものとする。（法務省）

イ　ハンセン病患者・元患者等

　ハンセン病は，らい菌による感染症であるが，らい菌に感染しただけでは発病する可能性は極めて低く，発病した場合であっても，現在では治療方法が確立している。また，遺伝病でないことも判明している。

　したがって，ハンセン病患者を隔離する必要は全くないものであるが，従来，我が国においては，発病した患者の外見上の特徴から特殊な病気として扱われ，古くから施設入所を強制する隔離政策が採られてきた。この隔離政策は，昭和28年に改正された「らい予防法」においても引き続き維持され，さらに，昭和30年代に至ってハンセン病に対するそれまでの認識の誤りが明白となった後も，依然として改められることはなかった。平成8年に「らい予防法の廃止に関する法律」が施行され，ようやく強制隔離政策は終結することとなるが，療養所入所者の多くは，これまでの長期間にわたる隔離などにより，家族や親族などとの関係を絶たれ，また，入所者自身の高齢化等により，病気が完

治した後も療養所に残らざるを得ないなど，社会復帰が困難な状況にある。

　このような状況の下，平成13年5月11日，ハンセン病患者に対する国の損害賠償責任を認める下級審判決が下されたが，これが大きな契機となって，ハンセン病問題の重大性が改めて国民に明らかにされ，国によるハンセン病患者及び元患者に対する損失補償や，名誉回復及び福祉増進等の措置が図られつつある。

　政府としては，ハンセン病患者・元患者等に対する偏見や差別意識の解消に向けて，より一層の強化を図っていく必要があり，以下の取組を積極的に推進することとする。

①　ハンセン病に関する啓発資料の作成・配布，各種の広報活動，ハンセン病資料館の運営等を通じて，ハンセン病についての正しい知識の普及を図ることにより，ハンセン病に対する偏見や差別意識を解消し，ハンセン病及びその感染者への理解を深めるための啓発活動を推進する。学校教育及び社会教育においても，啓発資料の適切な活用を図る。（法務省，厚生労働省，文部科学省）

②　ハンセン病患者・元患者等に関しては，入居拒否，日常生活における差別や嫌がらせ，社会復帰の妨げとなる行為等の問題があるが，そのような事案が発生した場合には，人権侵犯事件としての調査・処理や人権相談の対応など当該事案に応じた適切な解決を図るとともに，関係者に対しハンセン病に関する正しい知識とハンセン病患者・元患者等の人権の重要性について理解を深めるための啓発活動を実施する。（法務省）

③　ハンセン病患者・元患者等の人権問題の解決を図るため，法務局・地方法務局の常設人権相談所において人権相談に積極的に取り組む。特に，ハンセン病療養所の入所者等に対する人権相談を積極的に行い，入所者の気持ちを理解し，少しでも心の傷が癒されるように努める。なお，相談に当たっては，関係機関と密接な連携協力を図るものとする。（法務省）

(9)　刑を終えて出所した人

　刑を終えて出所した人に対しては，本人に真しな更生の意欲がある場合であっても，国民の意識の中に根強い偏見や差別意識があり，就職に際しての差別や住居等の確保の困難など，社会復帰を目指す人たちにとって現実は極めて厳

しい状況にある。

刑を終えて出所した人が真に更生し，社会の一員として円滑な生活を営むことができるようにするためには，本人の強い更生意欲とともに，家族，職場，地域社会など周囲の人々の理解と協力が欠かせないことから，刑を終えて出所した人に対する偏見や差別意識を解消し，その社会復帰に資するための啓発活動を今後も積極的に推進する必要がある。

⑽　犯罪被害者等

近時，我が国では，犯罪被害者やその家族の人権問題に対する社会的関心が大きな高まりを見せており，犯罪被害者等に対する配慮と保護を図るための諸方策を講じることが課題となっている。

犯罪被害者等の権利の保護に関しては，平成12年に犯罪被害者等の保護を図るための刑事手続に付随する措置に関する法律の制定，刑事訴訟法や検察審査会法，少年法の改正等一連の法的措置によって，司法手続における改善が図られたほか，平成13年には犯罪被害者等給付金支給法が改正されたところであり，今後，こうした制度の適正な運用が求められる。

また，犯罪被害者等をめぐる問題としては，マスメディアによる行き過ぎた犯罪の報道によるプライバシー侵害や名誉毀損，過剰な取材による私生活の平穏の侵害等を挙げることができる。犯罪被害者は，その置かれた状況から自ら被害を訴えることが困難であり，また，裁判に訴えようとしても訴訟提起及びその追行に伴う負担が重く，泣き寝入りせざるを得ない場合が少なくない。

こうした動向等を踏まえ，マスメディアの自主的な取組を喚起するなど，犯罪被害者等の人権擁護に資する啓発活動を推進する必要がある。

⑾　インターネットによる人権侵害

インターネットには，電子メールのような特定人間の通信のほかに，ホームページのような不特定多数の利用者に向けた情報発信，電子掲示板を利用したネットニュースのような不特定多数の利用者間の反復的な情報の受発信等がある。いずれも発信者に匿名性があり，情報発信が技術的・心理的に容易にできるといった面があることから，例えば，他人を誹謗中傷する表現や差別を助長する表現等の個人や集団にとっ

て有害な情報の掲載，少年被疑者の実名・顔写真の掲載など，人権にかかわる問題が発生している。

憲法の保障する表現の自由に十分配慮すべきことは当然であるが，一般に許される限度を超えて他人の人権を侵害する悪質な事案に対しては，発信者が判明する場合は，同人に対する啓発を通じて侵害状況の排除に努め，また，発信者を特定できない場合は，プロバイダーに対して当該情報等の停止・削除を申し入れるなど，業界の自主規制を促すことにより個別的な対応を図っている。

こうした動向等を踏まえ，以下の取組を積極的に推進することとする。

① 一般のインターネット利用者やプロバイダー等に対して，個人のプライバシーや名誉に関する正しい理解を深めることが肝要であり，そのため広く国民に対して啓発活動を推進する。（法務省）

② 学校においては，情報に関する教科において，インターネット上の誤った情報や偏った情報をめぐる問題を含め，情報化の進展が社会にもたらす影響について知り，情報の収集・発信における個人の責任や情報モラルについて理解させるための教育の充実を図る。（文部科学省）

⑿　北朝鮮当局による拉致問題等

1970年代から1980年代にかけて，多くの日本人が不自然な形で行方不明となったが，これらの事件の多くは，北朝鮮当局による拉致の疑いが濃厚であることが明らかになったため，政府は，平成3年（1991年）以来，機会あるごとに北朝鮮に対して拉致問題を提起した。北朝鮮側は，頑なに否定し続けていたが，平成14年（2002年）9月の日朝首脳会談において，初めて日本人の拉致を認め，謝罪した。同年10月，5名の拉致被害者が帰国したが，他の被害者について，北朝鮮当局は，いまだ問題の解決に向けた具体的行動をとっていない。

政府は，平成22年（2010年）までに17名を北朝鮮当局による拉致被害者として認定しているが，このほかにも拉致された可能性を排除できない事案があるとの認識の下，所要の捜査・調査を進めている。北朝鮮当局による拉致は，国民に対する人権侵害であり，我が国の主権及び国民の生命と安全に関わる重大な問題である。政府としては，国の責任において，全ての

拉致被害者の一刻も早い帰国に向けて全力を尽くしている。

　また，国際連合においては，平成15年（2003年）以来毎年，我が国が提出している北朝鮮人権状況決議が採択され，北朝鮮に対し，拉致被害者の即時帰国を含めた拉致問題の早急な解決を強く要求している。

　我が国では，平成17年（2005年）の国連総会決議を踏まえ，平成18年（2006年）6月に「拉致問題その他北朝鮮当局による人権侵害問題への対処に関する法律」（平成18年法律第96号）が制定された。この法律は，国や地方公共団体の責務として，拉致問題その他北朝鮮当局による人権侵害問題（以下「拉致問題等」という。）に関する国民世論の啓発を図るよう努めるものとし，また，12月10日から16日までを「北朝鮮人権侵害問題啓発週間」と定め，国及び地方公共団体が，国民の間に広く拉致問題等についての関心と認識を深めるという同週間の趣旨にふさわしい事業を実施するよう努めるものとしている。拉致問題等の解決には，幅広い国民各層及び国際社会の理解と支持が不可欠であり，その関心と認識を深めることが求められている。

　以上を踏まえ，以下の取組を積極的に推進することとする。

① 国民の間に広く拉致問題等についての関心と認識を深めるため，北朝鮮人権侵害問題啓発週間にふさわしい事業を実施する。（全府省庁）

② 拉致問題等についての正しい知識の普及を図り，国民の関心と認識を深めるため，啓発資料の作成・配布，各種の広報活動を実施する。（内閣官房，法務省）

③ 拉致問題等に対する国民各層の理解を深めるため，地方公共団体及び民間団体と協力しつつ，啓発行事を実施する。（内閣官房，総務省，法務省）

④ 学校教育においては，児童生徒の発達段階等に応じて，拉致問題等に対する理解を深めるための取組を推進する。（文部科学省）

⑤ 諸外国に対し広く拉致問題等についての関心と認識を深めるための取組を実施する。（内閣官房，外務省）

⒀　その他

　以上の類型に該当しない人権問題，例えば，同性愛者への差別といった性的指向に係る問題

や新たに生起する人権問題など，その他の課題についても，それぞれの問題状況に応じて，その解決に資する施策の検討を行う。

3　人権にかかわりの深い特定の職業に従事する者に対する研修等

　人権教育・啓発の推進に当たっては，人権にかかわりの深い特定の職業に従事する者に対する研修等の取組が不可欠である。

　国連10年国内行動計画においては，人権にかかわりの深い特定の職業に従事する者として，検察職員，矯正施設・更生保護関係職員等，入国管理関係職員，教員・社会教育関係職員，医療関係者，福祉関係職員，海上保安官，労働行政関係職員，消防職員，警察職員，自衛官，公務員，マスメディア関係者の13の業種に従事する者を掲げ，これらの者に対する研修等における人権教育・啓発の充実に努めるものとしている。これを受けて関係各府省庁では，それぞれ所要の取組が実施されているところであるが，このような関係各府省庁の取組は今後とも充実させる方向で積極的に推進する必要がある。その際，例えば，研修プログラムや研修教材の充実を図ることなどが望まれる。

　また，議会関係者や裁判官等についても，立法府及び司法府において同様の取組があれば，行政府としての役割を踏まえつつも，情報の提供や講師の紹介等可能な限りの協力に努めるものとする。

4　総合的かつ効果的な推進体制等
(1)　実施主体の強化及び周知度の向上

　人権教育・啓発を効果的に推進するためには，人権教育・啓発の実施主体の体制を質・量の両面にわたって充実・強化していく必要がある。特に，各地域に密着した効果的な人権啓発を行うためには，現在，全国に約14,000名配置されている人権擁護委員の活用が有効かつ不可欠であるが，その際，適正な人材の確保・配置などにも配慮し，その基盤整備を図る必要がある。

　また，法務省の人権擁護機関を始めとする実施主体に関する国民一般の認識は，世論調査の結果等によれば，十分とは言えない。一般に，実施主体の組織及び活動について啓発対象者が十分な認識を持っていればいるほど，啓発効果も大きなものを期待することができることから，各実施主体は，広報用のパンフレットを作

成したり，ホームページを開設するなど，平素から積極的な広報活動に努めるべきである。

(2) 実施主体間の連携

ア　既存組織の強化

　　人権教育・啓発の推進に関しては，現在，様々な分野で連携を図るための工夫が凝らされているが，今後ともこれらを充実させていくことが望まれる。

　　特に，国における「人権教育・啓発に関する中央省庁連絡協議会」（平成12年9月25日，関係府省庁の事務次官等申合せにより設置）及び地方における「人権啓発活動ネットワーク協議会」（人権啓発活動ネットワーク事業の一環として，法務省が平成10年度からその構築を進めており，既に全都道府県に設置されているほか，市町村レベルについても，各法務局，地方法務局の直轄及び課制支局管内を中心に設置が進められている）は，人権教育・啓発一般にかかわる連携のための横断的な組織であって，人権教育・啓発の総合的かつ効果的な推進を図る上で大きな役割を担っており，その組織力や活動の充実強化等，更なる整備・発展を図っていくべきである。

イ　新たな連携の構築

　　人権教育・啓発をより一層総合的かつ効果的に推進していくためには，既存組織の連携の強化のみならず，新たな連携の構築も視野に入れる必要がある。例えば，対象者の発達段階に応じた人権教育・啓発を円滑に実施するためには，幼稚園，小・中・高等学校などの学校教育機関及び公民館などの社会教育機関と，法務局・地方法務局，人権擁護委員などの人権擁護機関との間における連携の構築が重要である。

　　また，女性，子ども，高齢者等の各人権課題ごとに，関係する様々な機関において，その特質を踏まえた各種の取組が実施されているところであるが，これらをより総合的かつ効果的に推進するためには，これら関係機関の一層緊密な連携を図ることが重要であり，各人権課題・分野等に即して，より柔軟かつ幅広い連携の在り方が検討されるべきである。

　　さらに，人権擁護の分野においては，公益法人や民間のボランティア団体，企業等が多種多様な活動を行っており，今後とも人権教育・啓発の実施主体として重要な一翼を担っていくことが期待されるが，そのような観点からすれば，これら公益法人や民間団体，企業等との関係においても，連携の可能性やその範囲について検討していくべきである。なお，連携に当たっては，教育・啓発の中立性が保たれるべきであることは当然のことである。

(3) 担当者の育成

　　国及び地方公共団体は，研修等を通じて，人権教育・啓発の担当者の育成を図ることが重要である。

　　また，日常生活の中で人権感覚を持って行動できる人材を育成するため，社会教育において推進している事業で得た成果や（財）人権教育啓発推進センターなどの専門機関の豊富な知識と経験等を活用し，人権教育・啓発の担当者の育成を図るための研修プログラムの策定についても検討すべきである。なお，国及び地方公共団体が研修を企画・実施する場合において，民間の専門機関を活用するに当たっては，教育・啓発の中立性に十分配慮する必要がある。

　　さらに，人権教育・啓発の担当者として，日頃から人権感覚を豊かにするため，自己研鑽に努めることが大切であり，主体的な取組を促していくことが重要である。

(4) 文献・資料等の整備・充実

　　人権に関する文献や資料等は，効果的な人権教育・啓発を実施していく上で不可欠のものであるから，その整備・充実に努めることが肝要である。そして，人権教育・啓発の各実施主体等関係諸機関が保有する資料等については，その有効かつ効率的な活用を図るとの観点から，各機関相互における利用を促進するための情報ネットワーク化を検討するほか，多くの人々がこうした情報にアクセスしやすい環境の整備・充実に努めることが望まれる。

　　また，人権に関する国内外の情勢は時の経過とともに変遷するものであるから，時代の流れを反映した文書等，国内外の新たな文献や資料等の収集・整備を図るとともに，従来必ずしも調査研究が十分でなかった分野等に関するものについても，積極的に収集に努める必要がある。

　　さらに，人権に関する各種蔵書やこれまでに地方公共団体が作成した各種の啓発冊子，ポスター，ビデオなどで構成されている（財）人権教育啓発推進センターの「人権ライブラリー」の充実を図り，人権教育・啓発に関する文献・

資料の活用に関する環境の向上に資することが重要である。

(5) 内容・手法に関する調査・研究
ア 既存の調査・研究の活用
企業，民間団体等が実施した人権教育・啓発の内容・手法に関する調査・研究は，斬新な視点（例えば，ターゲットを絞って，集中的かつ綿密な分析を行うなど）からのアプローチが期待でき，その調査・研究の手法を含めた成果等を活用することにより，より効果的な啓発が期待できる。

また，地方公共団体は，これまで様々な人権問題の啓発に取り組んできており，その啓発手法等に関する調査・研究には多大の実績がある。これらの調査・研究の成果等は，地域の実情，特性を踏まえた地域住民の人権意識の高揚を図る観点から取り組まれたものとして，各地域の実情を反映した参考とすべき多くの視点が含まれている。

さらに，日本国内における人権に関する調査・研究の成果等とは別に，諸外国における調査・研究の成果等を活用することも，次のような意味にかんがみて，十分検討に値するものである。

① 人権擁護に関する制度的な差異に着目して啓発手法の比較検討ができ，新たな手法創出の参考となる。

② 調査・研究の成果等から諸外国における国民，住民の人権意識の状況等を知ることができ，我が国の人権状況の把握に資する。

イ 新たな調査・研究等
より効果的な啓発内容及び啓発手法に関する新たな調査・研究も必要であるが，そのための条件整備の一環として，啓発内容及び啓発手法に関する開発スタッフ等の育成が重要である。

また，民間における専門機関等には，啓発のノウハウについて豊富な知識と経験を有するスタッフにより，多角的な視点から効果的な啓発内容及び啓発手法を開発することを期待することができることから，これら民間の専門機関等への開発委託を行うほか，共同開発を推進することも望まれる。

ウ その他
調査・研究及び開発された人権教育・啓発の内容・手法を実際に人権啓発フェスティバル等において実践し，その啓発効果等を検証する仕組みについても検討する必要がある。

(6) （財）人権教育啓発推進センターの充実
（財）人権教育啓発推進センターには，民間団体としての特質を生かした人権教育・啓発活動を総合的に行うナショナルセンターとしての役割が期待されている。

そこで，その役割を十分に果たすため，組織・機構の整備充実，人権課題に関する専門的知識を有するスタッフの育成・確保など同センターの機能の充実を図るとともに，人権ライブラリーの活用，人権啓発指導者養成研修のプログラムや人権教育・啓発に関する教材や資料の作成など，同センターにおいて実施している事業のより一層の充実が必要である。

なお，（財）人権教育・啓発推進センターの充実に当たっては，民間団体としての特質を十分生かした方策とするとともに，政府において検討が進められている公益法人に関する改革と整合的なものとなるよう十分配慮する必要がある。

(7) マスメディアの活用等
ア マスメディアの活用
人権教育・啓発の推進に当たって，教育・啓発の媒体としてマスメディアの果たす役割は極めて大きいことから，より多くの国民に効果的に人権尊重の理念の重要性を伝えるためには，マスメディアの積極的な活用が不可欠である。

マスメディアには，映像，音声，文字を始め多種多様な媒体があり，各々その特性があることから，媒体の選定に当たっては当該媒体の特性を十分考慮し，その効用を最大限に活用することが重要である。

イ 民間のアイディアの活用
人権教育・啓発に関するノウハウについて，民間は豊富な知識と経験を有しており，多角的な視点から，より効果的な手法を駆使した教育・啓発の実施が期待できることから，その積極的活用が望まれる。また，民間の活用に当たっては，委託方式も視野に入れ，より効果を高めていく努力をするとともに，教育・啓発の中立性に十分配慮する必要がある。

ウ 国民の積極的参加意識の醸成
人権教育・啓発を効果的に行うためには，広

く国民に対して自然な形で人権問題について興味を持ってもらう手法が有意義である。そのような手法の一つとして，現在でも，例えば，人権標語，人権ポスター図案の作成等について一般国民からの募集方式を導入し，優秀作品に対して表彰を行うとともに，優秀作品の積極的な活用に努めているところであるが，今後とも，創意工夫を凝らしながら，積極的に推進する必要がある。

⑻　インターネット等IT関連技術の活用

　　近年，情報伝達の媒体としてのインターネットは長足の進歩を遂げ，更に急速な発展を続けている。そこで，高度情報化時代におけるインターネットの特性を活用して，広く国民に対して，多種多様の人権関係情報（例えば，条約，法律，答申，条例，各種啓発資料（冊子，リーフレット，ポスター，ビデオ等））を提供するとともに，基本的人権の尊重の理念を普及高揚させるための人権啓発活動（例えば，世界人権宣言の内容紹介，各種人権問題の現況及びそれらに対する取組の実態の紹介，その他人権週間行事など各種イベントの紹介等）を推進する。

　　また，人権教育・啓発に関する情報に対して，多くの人々が容易に接し，活用することができるよう，人権教育・啓発の実施主体によるホームページの開設，掲載内容の充実，リンク集の開発，情報端末の効果的な利用なども望まれる。

第5章　計画の推進

1　推進体制

　　政府は，人権教育・啓発の総合的かつ計画的な推進を図るため，法務省及び文部科学省を中心とする関係各府省庁の緊密な連携の下に本基本計画を推進する。その具体的な推進に当たっては，「人権教育・啓発中央省庁連絡協議会」を始めと

する各種の連携のための場を有効に活用するものとする。

　　関係各府省庁は，本基本計画の趣旨を十分に踏まえて，その所掌に属する施策に関する実施体制の整備・充実を図るなど，その着実かつ効果的な実施を図る。

2　地方公共団体等との連携・協力

　　人権教育・啓発の推進については，地方公共団体や公益法人，民間団体，企業等の果たす役割が極めて大きい。これらの団体等が，それぞれの分野及び立場において，必要に応じて有機的な連携を保ちながら，本基本計画の趣旨に沿った自主的な取組を展開することを期待するとともに，本基本計画の実施に当たっては，これらの団体等の取組や意見にも配慮する必要がある。

　　また，地方公共団体に対する財政支援については，「国は，人権教育及び人権啓発に関する施策を実施する地方公共団体に対し，当該施策に係る事業の委託その他の方法により，財政上の措置を講ずることができる。」（人権教育・啓発推進法第9条）との趣旨を踏まえ，適切に対応していく。

　　さらに，国際的な潮流を十分に踏まえ，人権の分野における国際的取組に積極的な役割を果たすよう努めるものとする。

3　計画のフォローアップ及び見直し

　　人権教育・啓発に関する国会への年次報告書（白書）の作成・公表等を通じて，前年度の人権教育・啓発に関する施策の実施状況を点検し，その結果を以後の施策に適正に反映させるなど，基本計画のフォローアップに努めるものとする。

　　また，我が国の人権をめぐる諸状況や人権教育・啓発の現状及び国民の意識等について把握するよう努めるとともに，国内の社会経済情勢の変化や国際的潮流の動向等に適切に対応するため，必要に応じて本基本計画の見直しを行う。

令和５年における「人権侵犯事件」の状況について（概要）
～法務省の人権擁護機関の取組～

　法務省の人権擁護機関は、人権侵犯事件調査処理規程（平成16年法務省訓令第２号）に基づき、人権を侵害されたという方からの申告等を端緒に、その被害の救済及び予防に努めている。

　令和５年（暦年）における取組状況は、以下のとおりである。

【令和５年の主な特徴】

①　令和５年において、新規に救済手続を開始した人権侵犯事件の数は、8,962件、処理した人権侵犯事件の数は、8,629件であった。

②　学校におけるいじめについて、新規に救済手続を開始した人権侵犯事件の数は、1,185件であり、全体に占める割合は、13.2％であった。

③　インターネット上の人権侵害情報について、新規に救済手続を開始した人権侵犯事件の数は、1,824件であり、高水準で推移している。

1　人権侵犯事件数の動向

（1）　新規救済手続開始件数

人権侵犯事件の新規救済手続開始件数の推移

(2) 処理件数

人権侵犯事件の処理件数の推移

（件）

年	件数
平成26年	21,718
平成27年	21,044
平成28年	19,553
平成29年	19,722
平成30年	18,936
平成31年・令和元年	15,404
令和2年	10,002
令和3年	8,462
令和4年	7,627
令和5年	8,629

(3) 新規救済手続開始件数の動向・分析

　人権侵犯事件の新規救済手続開始件数は減少傾向が続いていたところ、令和5年は増加に転じた。増加の要因を一概に判断することは困難であるが、令和5年5月の新型コロナウイルス感染症のいわゆる感染症法上の位置付けの変更などにより、人と人との接触の機会が増えていることなどの影響が考えられる。

　学校におけるいじめに関する人権侵犯事件数は前年より増加したが、新規救済手続開始件数の全体に占める割合は、前年と同水準となっている。

　また、インターネット上の人権侵害情報についてが依然として高水準であることは前年と同様に特徴的である。

2 人権侵犯事件の種類別構成比の比較（新規救済手続開始件数）

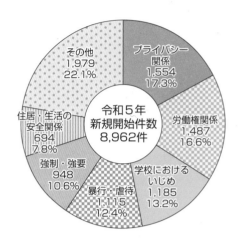

令和4年

令和5年

人権相談件数及び主な類型

令和5年の人権相談件数　176,053件

人権相談における件数上位の類型は次のとおり。

類　　型	相談件数	全体に占める割合
住居・生活の安全関係	16,879	9.6%
プライバシー侵害	9,922	5.6%
労働権関係	9,855	5.6%
強制・強要	8,141	4.6%
暴行・虐待	6,928	3.9%
学校におけるいじめ	6,878	3.9%

3　インターネット上の人権侵害情報に関する人権侵犯事件について

(1)　法務省の人権擁護機関の取組について

　　法務省の人権擁護機関（以下「人権擁護機関」という。）では、全国の法務局において人権相談に応じており、人権相談等を通じて人権侵害の疑いのある事案を認知した場合には、人権侵犯事件として調査を行い、事案に応じた適切な措置を講じている。

　　インターネット上の誹謗中傷等の被害を受けた方等からの相談を受けた場合には、相談者の意向に応じて、当該誹謗中傷等の書き込みの削除依頼の方法等を助言したり、あるいは、人権擁護機関において違法性を判断した上で、プロバイダ事業者等に対して書き込みの削除要請をするなどしている。

　　人権擁護機関に被害の相談があった場合の具体的な対応については、下図のとおりである。

インターネットの書き込みによる人権侵害について

インターネットの書き込みにより、人権侵害の被害にあわれた場合

名誉毀損罪等により犯人の処罰を希望される場合

まず、最寄りの法務局へ人権相談を 最寄りの警察署、各都道府県警本部の
サイバー犯罪相談窓口等をご案内します

書き込みの削除を希望される場合 　　　　　　　　相談者ご自身で削除依頼をされる場合

法務局職員又は人権擁護委員が
詳しくお話をおうかがいします プロバイダ等への削除依頼等の
具体的方法を助言します

相談者ご自身で削除依頼をすることが困難である場合　又は　相談者ご自身で削除依頼をしたが応じてもらえなかった場合

法務局において、当該書き込みの違法性を判断した上で、プロバイダ等へ削除要請をします
（ただし、強制力を伴わない任意の措置にとどまります）

法務局の削除要請にも応じてもらえなかった場合

裁判所に削除の仮処分命令の申立てをする方法をご案内します
（法務局が申立てを代行することはできません。相談者ご自身で申立てをするのが困難であれば、弁護士等に相談していただくことが考えられます。資力の乏しい方は、日本司法支援センター（法テラス）の民事法律扶助（弁護士等による無料法律相談や弁護士費用等の立替え）をご利用いただくことができます。）

(2)　令和5年における人権侵犯事件の動向について

ア　新規救済手続開始件数

　　令和5年において、新規に救済手続を開始したインターネット上の人権侵害情報に関する人権侵犯事件の数は、1,824件で、前年から103件増加した。

　　このうち、プライバシー侵害事案が542件、識別情報の摘示事案が430件、名誉毀損事案が415件となっており、これらの事案で全体の76%を占めている。

　　なお、人権侵犯事件数はプロバイダ事業者等への削除要請件数ベースで集計しており、人権侵害情報の書き込み数ではない（例えば、1つのプロバイダ事業者等に対し、100の書き込みの削除を1回で要請した場合、1件として計上している。）。

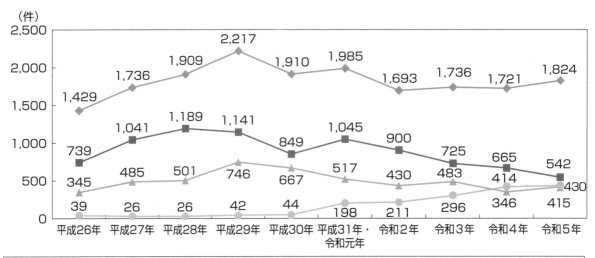

インターネット上の人権侵害情報に関する人権侵犯事件（新規開始）

イ　処理件数

　令和5年において、処理したインターネット上の人権侵害情報に関する人権侵犯事件の数は、1,654件となっており、前年から54件増加した。

　当該事件の処理は、被害者に対しインターネット上の人権侵害情報を被害者自らが削除依頼する方法を教示するなどの「援助」が半数近くを占めるが、人権擁護機関が違法性を判断した上で、プロバイダ等に対し人権侵害情報の削除を求める「要請」を行った件数は、449件であった。

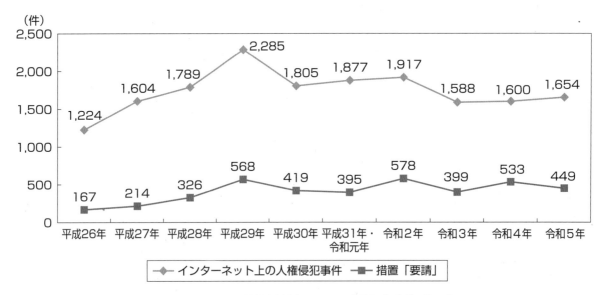

インターネット上の人権侵害情報に関する人権侵犯事件（処理）

ウ　プロバイダ等に対する削除要請件数と削除対応率

　令和3年1月から令和5年12月までの3年間に、人権擁護機関がプロバイダ等に対して人権侵害情報の削除を求める「要請」をした人権侵犯事件（1,381件）のうち、

因果関係は定かではないものの、当該情報の全部又は一部が削除された件数は954件で、その割合は69.08%であった。

法務省の人権擁護機関による削除要請件数と削除対応率（令和3年～令和5年）

要請件数 ○+△+× =□（件）	削除合計 ○+△（件）			削除せず ×（件）	全部削除率 ○／□（率）	削除対応率 （○+△） ／□（率）
		全部削除 ○（件）	一部削除 △（件）			
1,381	954	884	70	427	64.01%	69.08%

※　対象期間は令和3年1月から令和5年12月まで。

※　人権侵犯事件の処理については、要請のほか、援助、侵犯事実不明確又は打切り（調査中に対象情報が削除され、申告が取り下げられる）等により終了する場合がある。

※　法務省の人権擁護機関による削除要請と削除との条件関係は、厳密に特定できるものではない。

エ　令和5年中に人権擁護機関が救済措置を講じた人権侵犯事件の例

・インターネット上の名誉毀損

被害者から、インターネット上に、被害者が氏名や顔写真とともに、詐欺を働いており前科があるなどの投稿がされているとして、相談があった事案である。

法務局が調査した結果、投稿されたいずれの事実も真実ではなく、当該投稿は、名誉毀損に当たると認められた。

法務局から、サイト管理者に対し、当該投稿の削除要請を行ったところ、当該投稿が削除されるに至った。

（措置：「要請」）

・インターネット上の名誉感情侵害

電子掲示板上で、特定の地域に住む外国人住民に対して、当該地域社会からの排斥を扇動する投稿がされたとして、法務局が調査を開始した事案である。

法務局が調査した結果、当該地域に住む外国人住民は日本から出て行けなどとする投稿が複数回にわたってなされていたことから、当該投稿は、当該外国人住民の名誉感情を侵害するものであると認められた。

法務局から、サイト管理者に対し、当該投稿の削除要請を行ったところ、当該投稿が削除されるに至った。

（措置：「要請」）

・インターネット上のプライバシー侵害

被害者から、インターネット上に、当該被害者になりすました投稿がされており、被害者の氏名や顔写真などが掲載されるとともに、被害者が性的マイノリティであると記載されているとして、相談があった事案である。

法務局が調査した結果、当該投稿は、プライバシー権を侵害するものであると認

められた。

　法務局から、サイト管理者に対し、当該投稿の削除要請を行ったところ、当該投稿が削除されるに至った。

（措置：「要請」）

・インターネット上における同和地区の摘示

　インターネット上に、特定の地域を散策しながら、当該地域が同和地区であると指摘する動画が掲載されているとして、法務局に情報が提供された事案である。

　法務局が調査した結果、当該動画は、学術・研究等の正当な目的で公開しているとは認められず、人権擁護上問題があると認められた。

　法務局から、サイト管理者に対し、当該動画の削除要請を行ったところ、当該動画が削除されるに至った。

（措置：「要請」）

(3) その他

　インターネット上の人権侵害情報に関する相談や被害申告等に対応するため、法務局での面談による相談窓口のほか、電話（みんなの人権110番：0570-003-110）、インターネット（インターネット人権相談受付窓口：https://www.jinken.go.jp/）、ＬＩＮＥなどでも相談に応じている。

　また、インターネット上の人権侵害による被害を未然に防ぐため、「インターネット上の人権侵害をなくそう」を強調事項の一つとして掲げ、各種人権啓発活動を実施しており、啓発動画「インターネットはヒトを傷つけるモノじゃない。」や、啓発冊子「あなたは、大丈夫？考えよう！インターネットと人権」等の啓発資料を法務省ホームページ（https://www.moj.go.jp/JINKEN/jinken88.html）等で公開している。

　さらに、青少年を中心に深刻化するインターネット上の人権侵害への取組として、中学生などを対象に携帯電話会社と連携・協力し、スマートフォン等の安全な利用について学ぶための人権教室を実施するなどの人権啓発活動に取り組んでいる。

インターネット上の書き込みなどに関する相談・通報窓口のご案内

👥対面 📞電話 ✉️メール 💬チャット 📱SNS 左記マーク以外は各機関のWebフォームから相談

インターネット上の誹謗中傷やプライバシー侵害等のトラブルにあった

インターネット上の違法・有害情報を見つけた

解決策について相談したい

悩みや不安について話をしたい

違法薬物の販売情報、違法なわいせつ画像、児童ポルノ、爆発物・銃砲等の製造、殺人や強盗等の犯罪行為の請負・仲介・誘引、自殺の誘引・勧誘などを通報したい

心のSOS まもろうよこころ（厚生労働省）

www.mhlw.go.jp/mamorouyokokoro

生きるのがつらいほどの悩みや不安を抱えている方に対して、気軽に相談できる窓口を紹介しています。

📞 ✉️ 💬 📱SNS

どうしたらよいか分からない

ネット上の書き込み・画像を削除したい

書き込んだ相手に損害賠償を求めたい

身の危険を感じている／脅迫されている・犯人の捜査、処罰を求めたい

弁護士 または

法的トラブル解決のための「総合案内所」 法テラス

📞0570-078374　www.houterasu.or.jp

問合せ内容に応じて解決に役立つ法制度や相談窓口に関する情報を案内します。経済的に余裕のない方を対象に無料の法律相談や弁護士費用等を立て替える制度があります（要件確認あり）。

👥 📞

サイバー犯罪の情報提供、相談窓口

警察または居住地のサイバー犯罪相談窓口

www.npa.go.jp/cyber/soudan.html

👥 📞

ネットトラブルの専門家に相談したい

人権問題の専門機関に相談したい

プロバイダ等に削除を促してほしい（民間機関）

有害情報も通報したい（民間機関）

迅速な助言

違法・有害情報相談センター（総務省）

illegal harmful hotline

www.ihaho.jp

相談者自身で行う削除依頼の方法などを迅速にアドバイスします。インターネットに関する技術や制度等の専門知識や経験を有する相談員が、人権侵害に限らず、様々な事案に対して幅広にアドバイスします。

削除要請・助言

人権相談（法務省）

人権イメージキャラクター
人KENまもる君

📞0570-003-110
www.jinken.go.jp

相談者自身で行う削除依頼の方法などの助言に加え、法務局が事案に応じてプロバイダ等に対する削除要請※を行います。

※削除要請は専門的な知見を有する法務局が違法性を判断した上で行うものでありこの判断には時間を要する場合があります。

👥 📞 ✉️

プロバイダへの連絡

誹謗中傷ホットライン

セーファーインターネット協会

SIA

www.saferinternet.or.jp/bullying/

インターネット上の誹謗中傷について連絡を受け付け、一定の基準に該当すると判断したものについては、国内外のプロバイダに各社の利用規約等に沿った対応を促す連絡を行います。

迅速な削除の要請

セーフライン

SIA

www.safe-line.jp

インターネット上の違法情報や有害情報の通報を受け付け、国内外のサイトへの削除の要請や、警察等への通報を行います。リベンジポルノの被害に遭われた方、いじめの動画像の通報も受け付けています。

サイトへの削除依頼

インターネット・ホットラインセンター（警察庁）

www.internethotline.jp

インターネット上の違法情報及び重要犯罪密接関連情報、自殺誘引等情報の通報を受け付け、ガイドラインに基づいて該当性の判断を行い、警察への情報提供とサイトへの削除依頼をします。

※上記機関以外に、一般的な情報セキュリティ（主にウイルスや不正アクセス）に関する技術的な相談に対してアドバイスを提供する窓口として**IPA「情報セキュリティ安心相談窓口」**があります。

※上記のほか、学校や地方公共団体にある相談窓口も活用してください。

4　令和5年中に人権擁護機関が救済措置を講じた具体的事例

【こども関係】

（いじめ）

事例1　小学校におけるいじめ

　　小学生の児童が、同級生から、殴られるなどのいじめを受けているにもかかわらず、学校が十分な対応を行っていないとして、「こどもの人権SOSミニレター」による相談があった事案である。

　　法務局が調査した結果、担任教諭は、当該いじめを認識していたにもかかわらず、学校長に速やかに報告をしなかったため、学校における対応が適切に行われていなかったことを確認した。

　　法務局は、学校長に対し、早期に学校長までの連絡・報告をし、組織的に対応するなど、学校全体でいじめ行為の発生の防止と解消に向けた取組を一層強化するよう要請した。

（措置：「要請」）

事例2　中学校におけるいじめ

　　中学生の生徒が、同級生から、「死ね」といわれるなどのいじめを受けており、死んでしまいたいとして、「こどもの人権SOSミニレター」による相談があった事案である。

　　法務局が調査した結果、当該生徒は被害についてこれまで誰にも相談しておらず、その悩みを担任教諭が把握できていなかったことが判明したことから、当該生徒が通う学校が必要な対応を実施できるよう情報提供を行った。また、法務局は、「こどもの人権SOSミニレター」を通じて数度にわたり当該生徒とのやり取りを継続して信頼関係を構築し、スクールカウンセラーに相談することなどを勧めた。

　　その結果、家庭及び当該学校との間で当該生徒の見守り体制を構築することができた。

（措置：「援助」）

（虐待）

事例3　中学生に対する虐待

　　中学生の生徒が、親から、暴言を吐かれるなどの虐待を受けているとして、「こどもの人権SOSミニレター」による相談があった事案である。

　　法務局は、当該児童が通う学校へ情報提供を行うとともに、自治体からの情報提供依頼を受け、必要な情報提供を行った。

　　その結果、当該生徒について要保護児童対策地域協議会の個別ケース会議が開催され、対応策が協議され、関係機関による当該生徒の支援体制を確立することができた。

（措置：「援助」）

事例4　中学生に対する虐待

　中学生の生徒が、親から、殴る、蹴るなどの虐待を受けており、保護して欲しいとして、「ＬＩＮＥじんけん相談」による相談があった事案である。

　法務局は、直ちに当該生徒がいる場所の最寄り警察署に連絡し、当該生徒は警察により速やかに保護された。

　さらに、警察からの連携により、相談翌日には児童相談所が当該生徒を保護するに至っており、当該生徒の身体の安全が速やかに図られた。　　　　　　　　　（措置：「援助」）

（体罰）

事例5　中学校における体罰

　中学校の生徒らが、中学校教諭から、腹部を殴打されるなどしたとして、当該生徒の親から相談があった事案である。

　法務局による調査の結果、当該生徒らと学校側の体罰に関する認識には差異が認められたものの、法務局の仲介によって学校と保護者らの話合いを重ねた結果、校長から生徒らに対して謝罪したい旨の意向が示され、保護者らもそれを了承し、話合いの場が設けられた。校長から生徒らに対する直接の謝罪が行われ生徒らもこれを受け入れて、当事者間の関係改善が図られた。　　　　　　　　　　　　　　　　（措置：「調整」）

【強制・強要関係】
（セクシュアル・ハラスメント）

事例6　雇用主から従業員に対するセクシュアル・ハラスメント

　女性従業員が、雇用主から、業務中に性的な発言を受けたとして、相談があった事案である。

　法務局が調査した結果、業務中に、雇用主が当該従業員に対し、性的な発言を行ったことが認められた。

　法務局は、雇用主に対し、当該発言が従業員の意に反する性的な言動であって、セクシュアル・ハラスメントとして、社会的に許されない行為であるとともに、従業員の人権を侵害する行為であって、人権擁護上看過できないとして、その行為の不当性を認識し、今後、同様の行為を行うことのないよう説示した。　　　　　（措置：「説示」）

（高齢者）

事例7　子から高齢の親に対する暴力

　高齢の親から、日常的に子から暴力を受けているとして、相談があった事案である。

　法務局は、直ちに、被害者の居住する自治体に情報提供を行い、必要な措置を求めるとともに、被害者と面談した。

　その結果、被害者は、ショートステイ等の支援が行われ、被害者と子の分離を進める

こと等によって安全が確保されるとともに、子からの暴力や生活の困窮等といった被害者の状況に関する情報が関係機関の間で共有され、被害者に対する包括的な支援体制を構築することができた。　　　　　　　　　　　　　　　　　　　　　　　　（措置：「援助」）

【差別待遇関係】
事例8　外国人に対する差別的対応

外国人が、不動産会社から、外国人であることを理由に物件の内見を拒否されたとして、相談があった事案である。

法務局が調査した結果、当該物件のオーナーは、不動産会社を通じて外国人に一律に貸出しを拒否する運用を行っていたことが認められた。

法務局は、当該オーナーに対し、当該物件への賃貸を希望している外国人に対し、外国人であることを理由に内見を拒否した行為は人権擁護上看過できないとして、その行為の不当性を認識し、今後、同様の行為を行うことのないよう説示した。

　　　　　　　　　　　　　　　　　　　　　　　　（措置：「説示」）

事例9　障害者に関する差別的発言

障害者が、会合において知人から障害者に関する差別的な発言を受けたとして、相談があった事案である。

法務局が調査した結果、当該知人が他の参加者に向けて当該障害者を差別する趣旨の発言を行ったことが認められた。

法務局は、当該知人に対し、当該発言は当該障害者を中傷するものであって、その名誉感情を傷つけるものであり、人権擁護上看過できないとして、その行為の不当性を認識し、今後、同様の行為を行うことのないよう説示した。　　　　　　　（措置：「説示」）

事例10　同和問題に関する差別的発言

近隣住民から、自身を同和地区出身者であると指摘するなどの同和問題に関する差別的な発言を受けたとして、相談があった事案である。

法務局が調査した結果、当該近隣住民が当該発言を行ったことが認められた。

法務局は、当該近隣住民に対し、当該発言は他人の人権や尊厳を傷つけるものであり、同和問題に対する正しい理解と認識を欠いたものであって、人権擁護上看過できないものであるとして、基本的人権尊重の理念及び同和問題について正しい理解と認識を深め、今後、同様の行為を行うことのないよう説示した。　　　　　　　（措置：「説示」）

【インターネット上の人権侵害情報関係】
事例11　インターネット上の名誉毀損

被害者から、インターネット上に、被害者が氏名や顔写真とともに、詐欺を働いてお

り前科があるなどの投稿がされているとして、相談があった事案である。

　法務局が調査した結果、投稿されたいずれの事実も真実ではなく、当該投稿は、名誉毀損に当たると認められた。

　法務局から、サイト管理者に対し、当該投稿の削除要請を行ったところ、当該投稿が削除されるに至った。　　　　　　　　　　　　　　　　　　　　　　　　（措置：「要請」）

事例12　インターネット上の名誉感情侵害

　電子掲示板上で、特定の地域に住む外国人住民に対して、当該地域社会からの排斥を扇動する投稿がされたとして、法務局が調査を開始した事案である。

　法務局が調査した結果、当該地域に住む外国人住民は日本から出て行けなどとする投稿が複数回にわたってなされていたことから、当該投稿は、当該外国人住民の名誉感情を侵害するものであると認められた。

　法務局から、サイト管理者に対し、当該投稿の削除要請を行ったところ、当該投稿が削除されるに至った。　　　　　　　　　　　　　　　　　　　　　　　　（措置：「要請」）

事例13　インターネット上のプライバシー侵害

　被害者から、インターネット上に、当該被害者になりすました投稿がされており、被害者の氏名や顔写真などが掲載されるとともに、被害者が性的マイノリティであると記載されているとして、相談があった事案である。

　法務局が調査した結果、当該投稿は、プライバシー権を侵害するものであると認められた。

　法務局から、サイト管理者に対し、当該投稿の削除要請を行ったところ、当該投稿が削除されるに至った。　　　　　　　　　　　　　　　　　　　　　　　　（措置：「要請」）

事例14　インターネット上における同和地区の摘示

　インターネット上に、特定の地域を散策しながら、歴史などに触れつつ、当該地域が同和地区であると指摘する動画が掲載されているとして、法務局に情報が提供された事案である。

　法務局が調査した結果、当該動画は、学術・研究等の正当な目的で公開しているとは認められず、人権擁護上問題があると認められた。

　法務局から、サイト管理者に対し、当該動画の削除要請を行ったところ、当該動画が削除されるに至った。　　　　　　　　　　　　　　　　　　　　　　　　（措置：「要請」）

5 「人権侵犯事件」統計資料（令和5年）

件名	総数	旧受	新受 計	申告 職員受	申告 委員受	人権擁護委員の通報	関係行政機関の通報	情報	移送	処理 計	措置 援助	措置 調整	措置 要請	措置 説示	措置 勧告	措置 通告	措置 告発	措置猶予	侵犯事実不存在	侵犯事実不明確	打切り	中止	移送	啓発	未済
総 合 計	9,979	1,017	8,962	5,515	2,975	1	370	60	41	8,629	7,319	21	456	49	-	-	-	14	14	595	104	6	41	68	1,350
公務員等の職務執行に伴う侵犯事件 総計	2,134	135	1,999	1,161	827	-	-	6	5	1,960	1,773	12	5	3	-	-	-	4	5	127	23	3	5	17	174
特別公務員に関するもの — 警察官に関するもの	66	4	62	47	15	-	-	-	-	50	43	-	-	-	-	-	-	-	-	7	-	-	-	-	16
その他の特別公務員に関するもの	2	-	2	2	-	-	-	-	-	1	1	-	-	-	-	-	-	-	-	-	-	-	-	-	1
教育職員関係 — 体罰	82	8	74	47	22	-	-	5	-	73	62	4	1	1	-	-	-	1	-	4	1	-	-	6	9
教育職員関係 — その他	467	23	444	287	156	-	-	1	-	441	402	7	1	1	-	-	-	2	1	19	7	-	-	5	26
学校におけるいじめ	1,203	18	1,185	593	592	-	-	-	-	1,177	1,157	1	3	-	-	-	-	-	-	11	2	3	-	1	26
刑務職員関係	105	53	52	48	4	-	-	-	-	69	-	-	-	-	-	-	-	-	-	53	10	-	-	-	36
その他の公務員に関するもの — 国家公務員に関するもの	32	2	30	22	4	-	-	-	4	23	15	-	-	-	-	-	-	1	2	1	-	-	4	1	9
地方公務員に関するもの	159	21	138	109	28	-	-	-	1	110	77	-	-	-	-	-	-	-	1	28	2	-	1	3	49
その他	18	6	12	6	6	-	-	-	-	16	10	-	-	-	-	-	-	-	1	4	1	-	-	1	2
私人間の侵犯事件 総計	7,845	882	6,963	4,354	2,148	1	370	54	36	6,669	5,546	9	451	46	-	-	-	10	9	468	81	3	36	51	1,176
人身売買	-	-	-	-	-	-	-	-	-	-	-	-	-	-	-	-	-	-	-	-	-	-	-	-	-
売春関係	-	-	-	-	-	-	-	-	-	-	-	-	-	-	-	-	-	-	-	-	-	-	-	-	-
児童ポルノ	5	-	5	2	3	-	-	-	-	5	5	-	-	-	-	-	-	-	-	-	-	-	-	-	-
暴行・虐待 — 家族間におけるもの — 夫の妻に対するもの	374	-	374	179	195	-	-	-	-	373	373	-	-	-	-	-	-	-	-	-	-	-	-	-	1
妻の夫に対するもの	20	-	20	8	12	-	-	-	-	20	20	-	-	-	-	-	-	-	-	-	-	-	-	-	-
親の子に対するもの	379	4	375	263	111	-	-	1	-	366	365	-	-	-	-	-	-	-	-	1	-	-	-	-	13
子の親に対するもの	68	1	67	27	40	-	-	-	-	68	68	-	-	-	-	-	-	-	-	-	-	-	-	-	-
その他	93	-	93	53	40	-	-	-	-	92	92	-	-	-	-	-	-	-	-	-	-	-	-	-	1
家族間以外のもの	192	6	186	107	77	1	-	1	-	185	178	1	1	1	-	-	-	-	-	5	-	-	-	1	7
私的制裁	2	1	1	1	-	-	-	-	-	2	1	-	-	-	-	-	-	-	-	1	-	-	-	-	-
医療関係	88	4	84	64	18	-	-	-	2	76	69	1	1	-	-	-	-	-	-	4	-	-	2	-	12
人身の自由関係 — 精神保健及び精神障害者福祉に関する法律関係	43	3	40	31	9	-	-	-	-	35	28	-	-	-	-	-	-	-	-	5	2	-	-	-	8
その他	6	-	6	3	3	-	-	-	-	6	6	-	-	-	-	-	-	-	-	-	-	-	-	-	-
社会福祉施設関係 — 施設職員によるもの	73	16	57	34	22	-	-	1	-	64	49	-	-	-	-	-	-	-	-	12	1	-	-	-	9
その他	23	2	21	11	10	-	-	-	-	22	20	-	-	-	-	-	-	-	-	2	-	-	-	-	1
村八分	10	2	8	4	4	-	-	-	-	7	6	-	-	-	-	-	-	-	-	1	-	-	-	-	3
差別待遇 — 女性	6	-	5	4	1	-	-	-	-	6	5	-	-	-	-	-	-	1	-	-	-	-	-	1	-
高齢者	22	3	19	10	9	-	-	-	-	21	18	-	-	-	-	-	-	-	1	2	-	-	-	1	-
障害者	167	18	149	114	34	-	1	-	-	121	99	1	-	2	-	-	-	-	-	18	1	-	-	5	46
同和問題	754	306	448	27	1	-	345	41	34	390	11	-	220	34	-	-	-	-	-	88	-	-	34	7	364
アイヌの人々	6	-	6	6	-	-	-	-	-	6	-	1	-	-	-	-	-	3	2	-	-	-	-	3	-
外国人	87	4	83	43	16	-	17	7	-	70	42	2	3	2	-	-	-	-	3	10	-	-	16	-	17
疾病患者	28	3	25	19	6	-	-	-	-	23	19	1	-	-	-	-	-	-	-	3	-	-	-	1	5
刑を終えた人々	2	-	2	2	-	-	-	-	-	2	1	-	-	-	-	-	-	-	1	-	-	-	-	1	-
ホームレス	-	-	-	-	-	-	-	-	-	-	-	-	-	-	-	-	-	-	-	-	-	-	-	-	-
性的指向	11	-	11	4	1	-	5	1	-	3	2	-	-	-	-	-	-	-	-	-	-	-	-	-	8
性自認	11	-	11	8	3	-	-	-	-	6	5	-	-	-	-	-	-	-	-	1	-	-	-	-	5
その他	80	14	66	56	10	-	-	-	-	68	48	3	-	-	-	-	-	-	-	17	-	-	-	-	12
参政権関係	1	-	1	-	1	-	-	-	-	1	1	-	-	-	-	-	-	-	-	-	-	-	-	-	-
プライバシー関係 — 報道機関	5	-	5	5	-	-	-	-	-	4	4	-	-	-	-	-	-	-	-	-	-	-	-	-	1
インターネット	1,380	317	1,063	907	154	-	-	2	-	1,058	688	1	178	-	-	-	-	-	-	134	55	3	-	7	322
私事性的画像記録	382	128	254	240	14	-	-	-	-	162	42	-	47	-	-	-	-	-	-	72	1	-	-	-	220
相隣間	58	2	56	30	26	-	-	-	-	53	49	-	-	-	-	-	-	-	-	2	1	-	-	-	5
その他	186	10	176	127	49	-	-	-	-	152	119	-	-	1	-	-	-	-	-	25	6	-	-	3	34
集会、結社及び表現の自由関係	2	-	2	1	1	-	-	-	-	2	2	-	-	-	-	-	-	-	-	-	-	-	-	-	-
信教の自由関係	7	-	7	4	3	-	-	-	-	6	6	-	-	-	-	-	-	-	-	-	-	-	-	-	1
教育を受ける権利関係	6	-	6	4	2	-	-	-	-	6	6	-	-	-	-	-	-	-	-	-	-	-	-	-	-
労働権関係 — 不当労働行為	7	-	7	3	4	-	-	-	-	7	7	-	-	-	-	-	-	-	-	-	-	-	-	-	-
労働基準法違反	42	-	42	27	15	-	-	-	-	41	41	-	-	-	-	-	-	-	-	-	-	-	-	-	-
その他	1,459	21	1,438	974	463	-	-	1	-	1,419	1,375	-	-	-	-	-	-	-	3	33	7	-	-	2	40
住居・生活の安全関係 — 自力執行	4	-	4	4	-	-	-	-	-	4	4	-	-	-	-	-	-	-	-	-	-	-	-	-	-
相隣間 — 小公害	103	-	103	39	64	-	-	-	-	100	100	-	-	-	-	-	-	-	-	-	-	-	-	-	3
その他	307	3	304	134	170	-	-	-	-	301	293	-	-	-	-	-	-	1	-	4	2	-	-	-	6
公害	5	1	4	3	1	-	-	-	-	5	4	-	-	-	-	-	-	-	-	-	-	-	-	-	-
不動産	77	-	77	39	38	-	-	-	-	77	77	-	-	-	-	-	-	-	-	-	-	-	-	-	-
その他	205	3	202	100	101	-	-	1	-	199	188	-	-	-	-	-	-	-	-	10	-	-	-	2	6
強制・強要 — 家族間におけるもの — 夫の妻に対するもの	140	-	140	64	76	-	-	-	-	140	140	-	-	-	-	-	-	-	-	-	-	-	-	-	-
妻の夫に対するもの	29	-	29	14	15	-	-	-	-	29	29	-	-	-	-	-	-	-	-	-	-	-	-	-	-
親の子に対するもの	53	1	52	32	20	-	-	-	-	53	52	-	-	-	-	-	-	-	-	1	-	-	-	-	-
子の親に対するもの	25	-	25	12	13	-	-	-	-	25	25	-	-	-	-	-	-	-	-	-	-	-	-	-	-
その他	79	-	79	41	38	-	-	-	-	77	76	-	-	-	-	-	-	-	-	1	-	-	-	-	2
セクシュアル・ハラスメント	300	2	298	193	105	-	-	-	-	293	291	-	-	-	-	-	-	-	-	-	-	-	-	-	7
ストーカー	124	-	124	69	55	-	-	-	-	124	124	-	-	-	-	-	-	-	-	-	-	-	-	-	-
ホームレスに対するもの	-	-	-	-	-	-	-	-	-	-	-	-	-	-	-	-	-	-	-	-	-	-	-	-	-
性的指向に対するもの	-	-	-	-	-	-	-	-	-	-	-	-	-	-	-	-	-	-	-	-	-	-	-	-	-
性自認に対するもの	4	-	4	4	-	-	-	-	-	4	4	-	-	-	-	-	-	-	-	-	-	-	-	-	-
北朝鮮当局によって拉致された被害者等に関するもの	-	-	-	-	-	-	-	-	-	-	-	-	-	-	-	-	-	-	-	-	-	-	-	-	-
その他	203	6	197	140	57	-	-	-	-	194	177	-	-	-	-	-	-	1	1	12	3	-	-	1	9
組織又は多衆の威力関係	2	-	2	-	2	-	-	-	-	2	2	-	-	-	-	-	-	-	-	-	-	-	-	-	-
交通事故	2	-	2	-	2	-	-	-	-	2	2	-	-	-	-	-	-	-	-	-	-	-	-	-	-
犯罪被害者	1	-	1	1	-	-	-	-	-	1	1	-	-	-	-	-	-	-	-	-	-	-	-	-	-
その他	97	-	97	63	34	-	-	-	-	91	87	-	-	-	-	-	-	-	-	2	2	-	-	-	6

6　こどもの人権をめぐる取組状況について

(1)　令和5年の動向

　　こどもは一人の人間として最大限に尊重され、守られなければならないところ、いじめや児童虐待など、こどもが被害者となる事案は後を絶たず、人権擁護機関が調査救済活動を行う人権侵犯事件においても、令和5年に新規に救済手続を開始した事件数は、学校におけるいじめ事案が1,185件、教育職員による体罰に関する事案が74件、児童に対する暴行・虐待事案が268件であった。

(2)　法務省の人権擁護機関の取組

ア　啓発・広報

　　人権擁護機関においては、「こどもの人権を守ろう」を強調事項の一つとして掲げ、各種の人権啓発活動を実施している（https://www.moj.go.jp/JINKEN/jinken04_00107.html）。

啓発動画
「『誰か』のこと　じゃない。」いじめ編

啓発動画
「『誰か』のこと　じゃない。」児童虐待編

イ　人権相談

　　人権擁護機関においては、幅広く人権相談を受け付けているところ、こどもたちの助けを求める声を聞き漏らすことなく救済につなげていくため、こどもたちが相談をしやすいよう以下の各種の方法により、全国の法務局等においてこどもたちの相談対応を行っている。

　　　・こどもの人権SOSミニレター（手紙による相談、切手不要）
　　　・こどもの人権110番（電話による相談、フリーダイヤル）
　　　・こどもの人権SOS－eメール（インターネットメールによる相談）
　　　・LINEじんけん相談（チャット形式による相談）

ウ　調査救済

　　人権相談等を通じて、人権侵害の疑いのある事案を認知した場合には、人権侵犯事件として調査救済手続を開始し、被害の救済に取り組んでいる。

　　なお、緊急性の高い事案の場合には、学校や関係機関とも連携し、直ちに児童・

生徒の保護を図るなどしているところ、令和5年中に人権擁護機関が救済措置を講じた人権侵犯事件のうち、チャット形式による相談対応を行っている「LINEじんけん相談」を端緒とし、被害の救済に取り組んだ事例は次のようなものがあった。

・中学生に対する虐待

中学生の生徒が、親から、殴る、蹴るなどの虐待を受けており、保護して欲しいとして、「LINEじんけん相談」による相談があった事案である。

法務局は、直ちに当該生徒がいる場所の最寄り警察署に連絡し、当該生徒は警察により速やかに保護された。

さらに、警察からの連携により、相談翌日には児童相談所が当該生徒を保護するに至っており、当該生徒の身体の安全が速やかに図られた。

（措置：「援助」）

参考資料掲載アドレス一覧 （令和6年4月現在）

参考資料	アドレス
人権教育・啓発に関する基本計画 （平成14年3月15日閣議決定（策定）、平成23年4月1日閣議決定（一部変更））	https://www.moj.go.jp/JINKEN/JINKEN83/jinken83.html
「人権教育のための国連10年」に関する国内行動計画 （平成9年7月4日人権教育のための国連10年推進本部）	https://www.mext.go.jp/b_menu/shingi/chousa/shotou/024/report/attach/1370664.htm
世界人権宣言 （昭和23年12月10日第3回国際連合総会採択）	https://www.mofa.go.jp/mofaj/gaiko/udhr/
「人権尊重の理念に関する国民相互の理解を深めるための教育及び啓発に関する施策の総合的な推進に関する基本的事項について」 （平成11年7月29日人権擁護推進審議会答申）	https://www.moj.go.jp/shingi1/shingi_990729-2.html
（公財）人権教育啓発推進センター	http://www.jinken.or.jp/
都道府県人権擁護委員連合会一覧表	https://www.moj.go.jp/JINKEN/jinken125.html
人権擁護委員協議会一覧表	https://www.moj.go.jp/JINKEN/jinken126.html
常設人権相談所（みんなの人権110番） 0570-003-110	https://www.moj.go.jp/JINKEN/jinken20.html
女性の人権ホットライン 0570-070-810	https://www.moj.go.jp/JINKEN/jinken108.html
配偶者暴力相談支援センター	https://www.gender.go.jp/policy/no_violence/e-vaw/soudankikan/01.html
DV相談プラス	https://soudanplus.jp/
性犯罪・性暴力被害者のためのワンストップ支援センター （全国共通短縮番号　#8891（はやくワンストップ）、性暴力被害者のための夜間休日コールセンター）	https://www.gender.go.jp/policy/no_violence/seibouryoku/consult.html
性暴力に関するSNS相談Cure time（キュアタイム）	https://curetime.jp/
都道府県労働局所在地一覧	https://www.mhlw.go.jp/kouseiroudoushou/shozaiannai/roudoukyoku/index.html
こどもの人権110番 0120-007-110	https://www.moj.go.jp/JINKEN/jinken112.html
全国児童相談所一覧	https://www.cfa.go.jp/policies/jidougyakutai/jisou-ichiran
外国人のための人権相談 0570-090911	https://www.moj.go.jp/JINKEN/jinken21.html
インターネット人権相談受付窓口	https://www.jinken.go.jp/
ＬＩＮＥじんけん相談	https://www.moj.go.jp/JINKEN/jinken03_00034.html
令和5年における「人権侵犯事件」の状況について（概要）	https://www.moj.go.jp/JINKEN/jinken03_00246.html

索　引

参考資料

け

こ

た

ち

つ

と

人権教育・啓発白書 　　　（令和6年版）

令和6年6月28日　発行　　　　　　　定価は表紙に表示してあります。

編　　集　　法　務　省
　　　　　　〒100-8977
　　　　　　東京都千代田区霞が関1-1-1
　　　　　　　　TEL 03（3580）4111（代表）

　　　　　　文　部　科　学　省
　　　　　　〒100-8959
　　　　　　東京都千代田区霞が関3-2-2
　　　　　　　　TEL 03（5253）4111（代表）

発　　行　　勝　美　印　刷　株　式　会　社
　　　　　　〒113-0001
　　　　　　東京都文京区白山1-13-7 アクア白山ビル5F
　　　　　　　　TEL 03（3812）5201

　　　　　　　　　　　　　　落丁・乱丁本はお取り替えします。

ISBN978-4-909946-65-2